추천사

　십자가와 부활의 「복음」이라니 대범하기도 하다. 저자는 어찌하여…. 어떻게 쓸지라도 더 나은 통찰들이 사방에 널려있을 이 '명징하여 고된' 주제를 선택했을까? 나는 감히 그의 주제 선택에서, 또 그가 그 주제 안에서 전개하는 글의 흐름에서 '자신의 존재를 향한 간절한 도전'을 느낀다. 정명호 목사는 기본이, 본질이 전부라는 걸 깨달은 자의 갈망과 갈급함을 품게 된 게 분명하다. 모두가 머리로 동의할 수 있는 것을, 그는 자신의 존재로 대답하고 싶어 힘들어하는 중이다. 주께서 이 땅에 허락하신 복음 운동인 〈복음과 도시〉 사역에 함께 하는 동안, 나는 성과와 결과를 핸들링하는 것에 능하던 그가, 언제부턴가 그리스도로 충분한 존재가 되는 것을 최대의 과제로 여기는, 분투와 몸살을 알게 되었다. 그리하여 그는, 이 선명한 주제가 자신을 관통하기를 밤새워 기다리고 있다. 이제 그는 '믿을 거냐 말 거냐 … 결단하라'고 자신에게 간청하는 동시에, 예수를 믿지 않는 이 땅의 신자들에게 '예수를 믿어라."며 호소하려 한다. 본질에 대한 갈망으로 다시 출발하려 속태우는, 가장 아름답고 고통스러운 길 위에 서 있는 모든 분이, 저자와 마음 깊이 공유할 결단의 기회가 여기에 있다.

- 정갑신 목사 (예수향남교회 담임목사, 「사람을 사람으로」, 「대답하는 공동체」 저자)

　저자의 글은 늘 명료합니다. 군더더기가 없습니다. 그런데 건조하지 않고 뜨겁습니다. 십자가와 부활의 복음은 영혼에 피를 공급하는 심장과 같은 핵심이지만, 평생 심장의 신세를 지고 살면서도 그 존재를 인식하거나 고마워하지 않고 사는 것처럼 십자가와 부활은 신자들에게 건조한 단어가 되어버렸습니다. 그런데 저자는 다시 이 십자가와 부활의 심장에 생기를 불어넣고 온몸과 마디에 생명력을 불어넣어 에스겔 골짜기의 마른 뼈를 살리듯 죽은자를 살리고 있습니다. 이 책은 멈춘 심장, 죽은 심장을 살려내는 심폐소생술과 같은 책입니다. "예수 없는 가슴마다 선교지고 예수 있는 가슴마다 선교사"라는 말처럼, 부디 이 책을 통해 선교지의 마음들이 선교사의 마음으로 바뀌는 놀라운 변화를 기대하며, 적극 추천합니다.

- 최병락 목사 (강남중앙침례교회 담임목사, 월드 사역 연구소 소장, 「신의 성품」, 「바람을 잡는 그대에게」 외 저자)

우리는 복음에 대한 잡설들과 이설들이 난무하는 혼돈과 상실의 시대를 살아가고 있다. 정명호 목사는 본서를 통해 십자가와 부활의 복음을 본연의 모습 그대로 드러냈다. 참된 복음이 무엇인지 몰라 방황하고, 참된 믿음에 대한 오해로 유리하는 모든 사람에게 본서를 적극 추천한다. 본서는 이 시대의 갈증을 혁파하는 해갈의 생명수를 제공해 줄 것이다. 부디 톨레 레게 (tolle lege)! 들고 읽으십시오!

- 정성욱 교수 (덴버신학교 조직신학, 한국어부 학장, 「티타임에 나누는 기독교변증」, 「10시간만에 끝내는 스피드 조직신학」 외 저자)

십자가와 부활의
복음

십자가와 부활의
복음

초판 1쇄 발행 2024년 9월 10일

지은이	정명호
펴낸이	김한수
출판국장	박민선

펴낸곳	한국NCD미디어
등 록	과천 제2016-000009호
주 소	경기도 과천시 문원청계2길50 로고스센터 206호
전 화	02-3012-0520
이메일	ncdkorea@hanmail.net
홈주소	www.ncdkorea.net

ISBN 979-11-91609-42-4 03230

copyright©한국NCD미디어 2024
Printed in Seoul, Korea

* 이 책은 한국NCD미디어가 저작권 계약에 따라 발행한 것이므로 본사의 협의없는 무단전재와 무단복제를 엄격히 금합니다.
* 잘못 만들어진 책은 구입처에서 교환해드립니다.

값 14,000원

GOSPEL

십자가와 부활의
복음

정명호 지음

한국NCD미디어

머리말

저는 신약 성경이 선포하는 복음을 크게 두 주제로 구분하여 설명할 수 있다고 생각합니다. "그리스도 십자가와 부활의 복음" 그리고 "하나님 나라의 복음"입니다. 하나님 나라는 그리스도 사건을 통해 옵니다. 그리스도 사건을 통하여 그리스도에게 속한 사람들은 하나님 나라에 속한 자로서 이 땅에 하나님 나라를 이루어갑니다. 이것은 신앙적으로는 믿음과 삶의 문제와 연결됩니다. 이 책에서 저는 구원의 길로서의 복음인 그리스도 십자가의 죽음과 부활의 복음을 이야기하려고 하였습니다.

예수 그리스도의 십자가와 부활은 기독교 신앙의 중심이자 근본입니다. 그 중심에서 우리는 하나님의 무한한 사랑과 구원의 은혜를 발견할 수 있습니다. 저는 이 주제를 어떻게 하면 성도님들과 명료하게 나눌 수 있을까를 늘 고민합니다. 동시에 우리 시대의 사람들에게 이 복음을 어떻게 전해야 그들에게 도달할 수 있을까를 고민합니다. 저는 이 책에서 철저히 성경에 근거해서 이 주제를 풀어가려고 힘썼습니다. 또한 이 주제에 대한 다양한 신학적 논의를 직접 그리고 충분히 다루지는 않았지만, 글을 풀어가는 과정에서 적절히 녹여내려고 힘썼습니다.

예수님이 이 땅에 오신 목적은 우리를 구원하기 위함입니다. 그래서 우리의 구세주로 오신 그분의 탄생은 온 인류에게 기쁜 소식입니다. 동시에 우리는 예수님의 죽음이 역사상 존재했던 사실이라는 데서 출발하여, 그분의 십자가 죽음은 단순한 고난과 희생이 아니라, 하나님의 공의와 사랑을 만족시키기 위한 희생이며, 우리에게 영원한 생명을 주기 위한 하나님 계획의 성취임을 압니다.

예수님의 부활은 그분이 하나님의 아들이심을 증명하며, 우리에게 영원한 생명의 소망을 줍니다. 부활을 통해 우리는 죄와 죽음의 권세에서 해방되었으며, 하나님과의 관계가 회복되었습니다. 이는 단지 미래에 있을 일만이 아니라 지금, 이 순간에도 우리 삶에서 경험할 수 있는 생명의 능력입니다.

복음은 단순한 교리가 아니라, 살아계신 하나님의 능력입니다. 이 복음은 우리를 구원으로 이끌며, 우리 삶의 모든 영역을 변화시키는 능력이 있습니다. 우리가 이 복음을 받아들일 때, 하나님과의 관계가 회복되며, 새로운 생명을 누리게 됩니다. 이 책을 통해, 여러분이 복음의 능력을 깊이 깨닫고, 그 안에서 참된 자유와 기쁨을 경험하게 되기를 소망합니다.

이 책에서 저는 복음의 담지자[1]로서 예수 그리스도의 공동체인 교회의 역할과 사명에 대해 강조하려고 합니다. 예수님의 복음은 단지 개인의 구원에 그치지 않고, 교회 공동체를 통해 세상에 선포되고 실현되어야 합니다. 그리스도의 공동체는 그리스도를 구세주로 믿는 공동체, 그리스도를 주님으로 모시고 그 뜻에 순종하여 살아가는 공동체, 그리스도의 복음을 전파하는 공동체입니다.

이 책은 저의 개인적인 신앙 고백이자, 여러분과 함께 나누고 싶은 영적인 여정입니다. 여러분이 이 책을 읽으며 예수 그리스도의 사랑과 은혜를 더욱 깊이 경험하게 되기를 바랍니다. 또한, 이 복음을 세상에 전하는 사명에 동참하게 되기를 기도합니다.

끝으로, 이 책이 여러분의 신앙 여정에 작은 도움이 되기를 소망하며 하나님의 은혜와 평강이 여러분의 삶에 충만히 임하기를 기도합니다.

---
1 擔(메다, 들다, 짊어지다) 持(가지다, 지니다, 버티다). bearer. 맡아 지키는 사람.

목차

추천사

머릿말

1. 예수 오심의 목적   *p 8*

2. 예수 죽음의 배경   *p 23*

3. 예수 죽음의 의미   *p 45*

4. 예수 부활의 의미   *p 77*

5. 구원받는 회개의 의미   *p 94*

6. 예수 주되심의 의미   *p 115*

7. 예수 공동체의 의미   *p 132*

복음

1. 예수 오심의 목적

복음

복음^{Good News}을 뜻하는 헬라어 유앙겔리온^{ευαγγελιον}이라는 단어는 로마 제국 당시 '메신저^{messenger, 使者}가 전해 주는 기쁜 소식', 특별히 로마 황제와 그 행적, 전쟁에서의 승리 및 정복의 소식을 의미하였다고 합니다. 그런데 이 단어가 교회 안에서 통용되면서부터 복음은 황제에 관한 이야기가 아니라 그리스도에 관한 이야기, 로마 제국의 확장이 아니라 그리스도 왕국의 확장의 소식으로 치환^{置換, substitution}되었습니다. 그런데 더 중요한 사실은 그리스도와 관련하여 복음이라는 단어를 사용하기 시작한 것은 교회 공동체가 아니었다는 것입니다.

구주 탄생의 소식을 전하던 주^{하늘, 하나님}의 사자^{使者, messenger}

였던 천사는 베들레헴 지역의 목자들에게 나타나 이렇게 말했습니다.

> 천사가 이르되 무서워하지 말라 내가 온 백성에게 미칠 큰 기쁨의 좋은 소식을 너희에게 전하노라 누가복음 2:10

천사는 하나님께서 약속하셨던 구세주의 오심을 전파하면서 이 소식은 온 백성에게 미치고 전파되어야 할 will be for all the people 소식 news 으로 이 소식을 듣는 사람마다 크게 기뻐할 소식 Good News of great joy 이라고 말했습니다. 그리스도의 오심을 일컬어 복음이라는 단어를 먼저 사용한 것은 천사였습니다.

그렇다면 예수 오심의 소식은 왜 온 백성에게 미쳐야 합니까? 왜 크게 기뻐해야 합니까? 왜 좋은 소식입니까? 왜냐하면 예수님의 나심은 우리를 구원하려고 구세주가 오신다 a savior has born to you 는 소식이기 때문입니다.

> … 너희를 위하여 구주가 나셨으니 곧 그리스도 주시니라
> 누가복음 2:11

예수님의 나심은 그 자체로 하나님께서 자신의 영광을 세상에 드러내신 사건입니다. 이 일을 통해 하나님의 뜻이 이루어지고, 하나님의 계획이 성취되고, 하나님의 하나님 되심이 선포될 것입니다.

> 지극히 높은 곳에서는 하나님께 영광이요 … 누가복음 2:14

예수님의 나심은 하나님과 사람 사이의 평화를 위해, 평화를 이루시는 왕으로 오셨습니다. 구세주이신 예수님이 우리를 구원하시면 우리 삶에는 평화가 임합니다.

> … 땅에서는 하나님이 기뻐하신 사람들 중에 평화로다 …
> 누가복음 2:14

그래서 하나님께서 약속하셨던 구세주의 오심은 우리가 두려워할 이유가 없는$^{\text{do not be afraid}}$ 소식입니다.

> 천사가 이르되 무서워하지 말라 … 누가복음 2:10

오히려 하나님께서 약속하셨던 구세주$^{\text{Christ the Lord}}$의 오심

복음

은 기쁨의 소식, 좋은 소식, 바로 복음$^{Good\ News}$입니다.

> … 큰 기쁨의 좋은 소식 … 누가복음 2:10

그래서 예수님의 제자 마가는 '하나님의 아들 예수 그리스도의 삶과 사역의 이야기'를 "복음"이라고 정의했습니다.

> 하나님의 아들 예수 그리스도의 복음의 시작이라 마가복음 1:1

예수가 하나님의 아들이시며 그리스도라는 이야기가 바로 복음입니다. 복음을 의미하는 Gospel 역시 "God spell"$^{하나님의\ 축복}$이라는 말의 줄임말입니다.

풍성한 생명을 주시려고

예수님께서도 자신이 세상에 오신 이유를 제자들에게 이렇게 설명하셨습니다.

> … 내가 온 것은 양으로 생명을 얻게 하고 더 풍성히 얻게 하려는 것

이라 요한복음 10:10

예수님의 본질적 정체성은 하나님의 아들이시고, 하나님의 아들이신 예수님이 이 땅에 오신 자격은 구세주(메시아, 그리스도)이시고, 하나님의 아들이신 예수님이 이 땅에 오신 목적은 우리에게 풍성한 생명을 주시려는 것인데, 하나님의 아들이신 예수님이 우리에게 풍성한 생명을 주시는 방법은 자기 목숨을 우리 목숨 대신 버리는 것이었습니다.

나는 선한 목자라 선한 목자는 양들을 위하여 목숨을 버리거니와

요한복음 10:11

예수님이 우리에게 풍성한 생명을 주시려는 이유는 우리가 생명의 고갈 가운데 있기 때문입니다. 하나님이 우리를 구원하셔야만 하는 이유는 우리가 죽음에 사로잡혀 있기 때문입니다. 인류의 현실은 '빈곤한 생명' 혹은 '영원한 죽음'이라고 표현할 수 있습니다.

그렇다면 우리 인류가 이러한 '빈곤한 생명' 혹은 '영원한 죽음'에 이르게 된 이유는 무엇일까요? 하나님께서는 태초에 천지를 창조하셨습니다.

태초에 하나님이 천지를 창조하시니라 창세기 1:1

그래서 하나님은 우주의 창조자이시면서 통치자/왕/주인이십니다.

… 주께서 만물을 지으신지라 만물이 주의 뜻대로 있었고 또 지으심을 받았나이다 하더라 요한계시록 4:11

… 하늘과 그 가운데에 있는 물건이며 땅과 그 가운데에 있는 물건이며 바다와 그 가운데에 있는 물건을 창조하신 이 …
요한계시록 10:6

그런데 하나님께서는 세상을 창조하신 후 하나님의 형상대로 지으신 인간에게 세상에 대한 통치권을 부여하시고 하나님의 뜻에 따라 돌보도록 명령하셨습니다.

하나님이 그들에게 복을 주시며 하나님이 그들에게 이르시되 생육하고 번성하여 땅에 충만하라, 땅을 정복하라, 바다의 물고기와 하늘의 새와 땅에 움직이는 모든 생물을 다스리라 하시니라
창세기 1:28

그러나 인간은 하나님의 뜻을 따르는 대리 통치자의 자리를 거부하고 스스로가 주인이 되고 주권자/통치자가 되어 하나님처럼 되기를 원했습니다.

> ^{5}**너희가 그것을 먹는 날에는 너희 눈이 밝아져 하나님과 같이 되어 선악을 알 줄 하나님이 아심이니라** ^{6}**여자가 그 나무를 본즉 먹음직도 하고 보암직도 하고 지혜롭게 할 만큼 탐스럽기도 한 나무인지라 여자가 그 열매를 따먹고 자기와 함께 있는 남편에게도 주매 그도 먹은지라** 창세기 3:5~6

우리는 하나님의 말씀에 불순종한 인간의 행위뿐 아니라 이런 행위를 하게 된 인간 내면의 의도를 더 중요하게 보아야 합니다. 주어진 피조물의 자리를 떠나 하나님같이 되려는 마음의 동기를 가리켜 '교만'이라고 부르고, 이 교만이 죄의 본질이라는 의미에서 '원죄'라고 칭합니다. 그리고 교만이 만들어내는 일상에서 불순종의 각종 행동을 '죄악'이라고 부릅니다.

이것은 전적으로 사단의 속임수로 인해 일어난 일이었습니다. 사단은 "하나님의 말씀을 거역해도 아무 일 없다!", "하나님이 인간들에게 좋은 것을 막고 있다", "오히려 하나님 없이 사는 것이 너에게 더 좋다"라는 유혹으로 인간을 속인 것입니다.

결국 아담은 하나님의 말씀에는 불순종하고 사단의 말에는 '순종'하고 말았습니다. 힘이나 억압에 의한 것이 아니라 자신의 결정에 따른 일이었기 때문에 '굴복'이 아니었습니다. 사단에 대한 자발적인 복종이었고, 자기 뜻으로 동의한 '순종'이었습니다.

그 결과 인간은 창조주 하나님의 무한한 자원이 공급되는 처소였던 에덴동산에서 쫓겨났습니다. 생명의 유지를 위해 고통과 땀을 흘려야 하는 삶으로 변하고 말았습니다. 하나님 같은 존재가 된 것이 아니라 누렸던 복마저 잃어버리게 되었습니다.

> ¹⁶… 내가 네게 임신하는 고통을 크게 더하리니 네가 수고하고 자식을 낳을 것이며 … ¹⁷… 땅은 너로 말미암아 저주를 받고 너는 네 평생에 수고하여야 그 소산을 먹으리라 창세기 3:16-17

스스로 하나님이 되어 자기 삶을 주관하고, 자기 안에 남은 자원으로 삶의 안녕을 지키려고 하지만 결국은 궁핍과 빈

곤에 직면하게 되었습니다. 시간, 공간, 지혜, 능력, 사랑 등의 모든 면에서 제한된 인생은 결국 결핍을 경험할 수밖에 없게 되었습니다. 더 낮아진 존재, 불행한 존재, 마귀에게 휘둘리는 존재가 되고 말았습니다.

범죄로 말미암아 하나님의 은혜에서 쫓겨난 인간은 땅에서 뽑힌 한 그루의 나무 같은 존재, 당장은 싱싱하여 꽃과 열매를 맺으며 살아가는 듯하지만 결국은 말라 죽어갈 존재가 되고 말았습니다. 육신의 죽음이란 기껏해야 영원한 죽음의 한 가지 증상일 뿐입니다.

삶의 고통과 고난 역시 우리 인생이 죽음의 권세 아래 있다는 것을 보여 주는 증거일 뿐입니다. 병에 걸리면 그에 따른 증상이 있듯이 죽음이라는 병에 걸리면 고난의 증상들이 나타납니다. 인생이 겪는 고난은 바로 이러한 죽음의 현실을 반영하는 증상입니다. 불교에서 인생을 두고 괴로움生卽苦이라고 말하는 것은 틀린 말이 아닙니다.

구원은 바로 이러한 죽음의 권세와 증상으로부터 해방되는 것입니다. 그래서 '구원받는다'는 것을 두고 '생명을 얻었다'

라고 말하는 것입니다. 영생이란 원래 히브리어로 "오는 세대(세상)에서의 삶"을 의미한다고 합니다. 영생이 단지 시간적으로 끝없이 길어진 영원한 삶이라는 의미가 아니라, 하나님이 다스리시는 "오는 세대", 곧 구원의 시대의 삶, 하나님 나라에서의 삶이라는 뜻입니다. 그러므로 영생은 곧 "하나님과 연결된 삶, 하나님과 화목된 삶, 하나님 안에서의 삶, 하나님께서 부여하셨던 생명이 회복된 삶, 하나님과 동행하는 삶"입니다.

탕자도 회복시키시는 아버지

눅 15장에 나오는 기다리는 아버지와 떠났다가 돌아오는 아들의 이야기는 구원이 무엇인가를 보여 주는 그림 이야기라고 할 수 있습니다. 자신의 분깃을 가지고 떠나는 아들은 머지않아 내재적 자원의 한계에 맞닥뜨립니다. 독립한지 얼마 못되어 자원의 고갈을 경험하고 심각한 결핍을 경험합니다. 탕자가 이방인의 종이 되었다는 사실과, 유대인들이 가장 불결하게 생각하는 짐승인 돼지를 치게 되었다는 사실과 심지어 돼지의 먹이조차도 먹을 수 없을 만큼 빈핍한 삶을 경험하는 상황이야말로 인생이 경험하고 있는 "죽음"의 모습입니다.

이렇게 죽음을 경험하며 살아가는 인간에게 구원의 길은 무엇입니까? 부요하신 아버지, 바로 창조주 하나님에게로 돌아가는 것입니다! 하나님은 자신을 떠난 인간을 저주하지 않으십니다. 오히려 용서하고 화해하고 아들로 받아 상속자의 자리에 회복시키고 잔치하십니다. 하나님의 용서의 사랑에 힘입어 인간은 하나님의 부요함을 상속받게 되고 그의 풍요한 잔치에 참여하게 됩니다. 하나님의 무한하심에 참여하게 되고 하나님의 생명, 곧 영생을 얻게 됩니다.

이것이 바로 예수님께서 선포하시는 하나님 나라의 구원입니다. 그리고 예수님은 이러한 구원을 가져다주는 존재, 무한하신 하나님을 아버지로 모시도록 맺어주는 존재, 유일한 구원자이십니다. 바로 그 예수님께서 그리스도로서 우리의 구원을 위하여 행하신 구세주의 일은 우리의 죄를 대신하여 죽임당하시는 것이었습니다.

성경에서 "의"라는 단어는 윤리적 개념이 아니라, 창조주와 피조물의 관계에 관한 용어입니다. 피조물이 창조주에게 의지하고 순종하는 '관계성'을 맺고 살아가는 것이 "의"입니다. 구원받을 수 있는 의로움은 윤리성이 아니라 관계성입니다. 누구와의 관계성입니까? 하나님과의 관계성입니다. 우리가 어떻게 하나님과 올바른 관계를 맺을 수 있습니까? 예수님 덕분입니다!

예수님의 죽음은 그저 한 사람 죄인의 희생적 죽음이 아니었습니다.

> 그리스도께서 하나님 곧 우리 아버지의 뜻을 따라 이 악한 세대에서 우리를 건지시려고 우리 죄를 대속하기 위하여 자기 몸을 주셨으니 갈라디아서 1:4

그리스도의 죽음은 아버지의 뜻을 따른 일이었습니다. 그리스도의 죽음은 이 악한 세대에서 우리를 건지시기 위함이었습니다. 그리스도의 죽음은 죄인을 대신한 완전한 분의 대속의 죽음이었습니다.

> 그가 모든 사람을 위하여 자기를 대속물로 주셨으니 기약이 이르

러 주신 증거니라 디모데전서 2:6

복음은 자격 없는 사람도 구원하실 수 있는 하나님의 능력

그래서 바울은 하나님의 아들 예수 그리스도의 이야기, 곧 복음에 대하여 이렇게 말했습니다.

> [16]내가 복음을 부끄러워하지 아니하노니 이 복음은 모든 믿는 자에게 구원을 주시는 하나님의 능력이 됨이라 먼저는 유대인에게요 그리고 헬라인에게로다 [17]복음에는 하나님의 의가 나타나서 믿음으로 믿음에 이르게 하나니 기록된 바 오직 의인은 믿음으로 말미암아 살리라 함과 같으니라 로마서 1:16-17

복음은 그것을 믿는 자에게 구원을 줍니다. 복음은 자격 없는 사람도 구원하실 수 있는 하나님의 능력입니다. 복음에는 하나님의 의가 나타났습니다. 복음은 우리를 구원으로, 믿음으로, 하나님에게로 이끌어줍니다.

> [16]하나님이 세상을 이처럼 사랑하사 독생자를 주셨으니 이는 그를

믿는 자마다 멸망하지 않고 영생을 얻게 하려 하심이라 ¹⁷하나님이 그 아들을 세상에 보내신 것은 세상을 심판하려 하심이 아니요 그로 말미암아 세상이 구원을 받게 하려 하심이라 요한복음 3:16~17

그래서 우리는 오늘도 이 복음의 이야기로 인해 예배하고 기뻐합니다. 우리가 이 땅을 사는 동안 해야 할 일은 이 은혜를 주신 예수님을 찬양하고, 아버지 하나님과 친밀하고, 이 복음의 이야기를 전하는 것입니다.

2. 예수 죽음의 배경

시대마다 누군가의 죽음이 사회적으로 큰 이슈가 되고 오늘 우리가 살고 있는 사회로의 변화 계기가 된 일이 많습니다. 한국 현대사만 보더라도, 전태일^{1948.08~1970.11} 청년은 동대문 평화시장에서 하루 14시간 이상 일해야만 했던 봉제 노동자였는데, 이 사회가 노동법과 근로기준법에 맞는 노동환경으로 개선해 가기를 촉구하면서 만 22세의 나이에 "우리는 기계가 아니다"라고 외치면서 스스로 분신^{焚身}한 것이 계기가 되어 한국 노동운동 발전과 노동자 근로조건 개선에 큰 영향을 끼쳤습니다.

서울대 3학년이었던 박종철^{1965~1987} 청년은 시위 참여자로 체포되어 1987년 1월 치안본부 대공수사단에 의해 남영동 대공분실에서 수배된 주동자의 소재를 알기 위한 조사를 이유로 물고문을 당했습니다. 이 과정에서 욕조 턱에 목이 눌려

질식으로 사망하였는데, 이때 그의 나이 만 21세였습니다. 치안 본부장이 이 사건을 해명하면서 "책상을 '탁' 치니까 의자에 앉은 채 갑자기 '억'하는 소리를 지르며 쓰러져 죽었다"라고 말한 것이 불난 민심에 기름 붓는 격이 되어 전국적인 6월 항쟁이 일어났고 이 항쟁으로 인해 여·야 합의에 따른 대통령 직선제 개헌과 평화적 정부이양을 골자骨子로 한 6.29선언이 발표되었는데 이를 통해 한국 사회는 민주화로의 큰 걸음을 내딛게 되었습니다.

우리의 역사가 늘 누군가의 희생이 있어야만 긍정적 전환이 이루어졌다는 것은 아쉬운 일입니다. 전태일과 박종철 씨의 얼굴 한번 보지 못했지만, 이 사건은 우리와 무관한 일이 아닙니다. 오늘 이 시대를 살아가는 우리는 그들에게 빚을 졌습니다. 우리가 그 상관관계를 정확히 모르거나 인식하지 못하고 있을 뿐 분명 그들을 비롯한 역사의 선배들과 선조들의 희생의 기반 위에서 오늘을 누리며 살아가고 있다고 생각하는 것이 마땅하다고 생각합니다.

바로 그런 점에서 예수님의 십자가 사건 역시 우리가 원하거나, 요청하거나, 목격하지도 않았던 일이지만 그 사건으로 인한 어떤 결과와 유익을 누리고 있다는 것을 알아야 합니다. 더군다나 십자가 사건은 역사상 어떤 위인들이나 희생자들의 경우와 비교할 수 없을 만큼 절대적인 영향을 끼친 전 인류적, 전 지구적, 전 역사적 사건이었습니다.

"예수님의 십자가 죽음이 도대체 나와 무슨 상관이 있는가?"를 질문하는 우리에게 성경은 예수님의 십자가 사건은 우리가 몰랐고 의도하거나 기획하거나 요청한 것도 아니지만 우리에게 생명을 주기 위한 하나님의 원대한 구상이었다고 알려줍니다. 내가 원치 않았다고, 내가 몰랐다고 내 삶과 관계없는 것이 아닙니다.

예수님에 대한 사람들의 반응

일반 백성이 보기에도 예수님의 가르침은 기존 유대교 지도자들이나 성경 교사(랍비)들과는 아주 달랐습니다. 제사장과 바리새인들 곁에서 그들의 삶과 사역을 늘 보고 들었던 아랫사람들, 즉 성전 경비대원들^{temple police, 요 7:45~46} 조차도 예수님을 일컬어 "그 사람이 말하는 것처럼 말한 사람은 이때까지 없었"다고 말할 정도였습니다.

> ... 그 사람이 말하는 것처럼 말한 사람은 이 때까지 없었나이다
> 하니 요한복음 7:46

그래서 많은 사람이 예수님께 특별한 관심을 가졌는데 거기에 더해 예수님이 행하시는 기적은 그동안 봐오지 못했던 일로써 사람들이 예수님을 선지자로 생각하게 했습니다.

> ... 그들이 다 놀라 하나님께 영광을 돌리며 이르되 우리가 이런 일
> 을 도무지 보지 못하였다 하더라 마가복음 2:12

훗날 예수님의 십자가 죽음 앞에서 제각기 도망하던 제자들도 예수님을 일컬어 "말과 일에 능하신 선지자"라는 말로 표현했습니다.

> ... 나사렛 예수의 일이니 그는 하나님과 모든 백성 앞에서 말과 일
> 에 능하신 선지자이거늘 누가복음 24:19

그러나 백성과는 다르게 부정적 관점으로 예수님을 바라보는 사람들이 있었습니다. 그들은 유대교 종교 지도자들과 정치 지도자들이었습니다. 그들을 향한 예수님의 태도가 매우

비판적이었기 때문에 그들은 예수님을 매우 못마땅하게 여겼습니다.

> 한 율법 교사가 예수께 대답하여 이르되 선생님 이렇게 말씀하시니 우리까지 모욕하심이니이다 누가복음 11:45

더군다나 인간 존재로서 '네 죄 사함을 받았느니라'와 같은 말까지 거침없이 하는 예수는 '더는 내버려 두어서는 안 될 인물'로 판단하는 결정적 계기가 되었습니다.

> 예수께서 그들의 믿음을 보시고 중풍병자에게 이르시되 작은 자야 네 죄 사함을 받았느니라 하시니 마가복음 2:5

유대교 사고와 신학으로는 도저히 용납할 수 없는 신성모독 죄였기 때문입니다.

> 이 사람이 어찌 이렇게 말하는가 신성 모독이로다 오직 하나님 한 분 외에는 누가 능히 죄를 사하겠느냐 마가복음 2:7

그런 중에도 그들은 백성 사이에서 점점 커지는 예수의 영향력을 주목하고 있었습니다. 심지어 일반 백성 중에는 예수님을 임금으로 삼아야 하는 것이 아닌가 하는 분위기도 있었던 것은 그들로서는 매우 불안한 상황이었습니다.

> 그러므로 예수께서 그들이 와서 자기를 억지로 붙들어 임금으로 삼으려는 줄 아시고 다시 혼자 산으로 떠나 가시니라 요한복음 6:15

유대교 지도자들은 예수님께서 기적을 동반한 가르침을 계속 한다면 모든 사람이 예수님을 따르게 될 것이라고 염려하였습니다.

> 만일 그를 이대로 두면 모든 사람이 그를 믿을 것이요 …
> 요한복음 11:48

만약 그렇게 된다면 유대교를 중심으로 한 기존 사회질서가 무너질 것이고, 로마 정부는 질서 유지를 핑계로 다시 공격해 들어와 전쟁 상황이 벌어지고, 로마 식민지 상태이지만 상당한 자치권을 부여받고 있었던 기존의 유대교 지도자들은 권력을 잃고 권력의 재편이 일어날 것이라는 시나리오까지 예측하였습니다.

> … 로마인들이 와서 우리 땅과 민족을 빼앗아 가리라 하니
>
> 요한복음 11:48

유대 종교 지도자들에 의해 신성모독 죄 명목으로

결국 유대교 지도자들은 예수를 죽이기 위한 모의를 시작합니다.

> 이 날부터는 그들이 예수를 죽이려고 모의하니라 요한복음 11:53

그러던 중에도 죽은 지 나흘이나 지났던 나사로를 다시 살리신 사건을 계기로 예수님에 대한 사람들의 기대는 폭발적으로 퍼져나가고 있었습니다.

> 나사로 때문에 많은 유대인이 가서 예수를 믿음이러라
>
> 요한복음 12:11

종교 지도자들은 이러한 백성의 모습 앞에서 그들의 영향력의 무력함과 좌절감을 느끼기도 했습니다.

바리새인들이 서로 말하되 볼지어다 너희 하는 일이 쓸 데 없다 보
라 온 세상이 그를 따르는도다 하니라 요한복음 12:19

그래서 그들은 예수님의 '범죄사실을 알아보기 위한 재판'
이 아니라 '예수를 죽이기 위한 재판'을 기획합니다. 이 재판
은 예수를 죽일 명분을 얻기 위한 요식행위였을 뿐입니다. 요
즘 말로 하면 표적 수사라고 말할 수 있는데 예수를 죽여야
한다는 결론을 내려놓고 짜 맞추기식의 의도된 재판을 진행
하다 보니 그들은 거짓 증인들을 조작해 내세우기까지 했습
니다.

⁵⁵대제사장들과 온 공회가 예수를 죽이려고 그를 칠 증거를 찾되
얻지 못하니 ⁵⁶이는 예수를 쳐서 거짓 증언 하는 자가 많으나 그
증언이 서로 일치하지 못함이라 마가복음 14:55~56

그런데 '없는 죄를 만들어서라도 반드시 예수를 죽이고야
말겠다'라는 이 부조리한 재판 과정에서 예수님은 모든 거짓
증언에 대하여 침묵하십니다.

⁶⁰대제사장이 가운데 일어서서 예수에게 물어 이르되 너는 아무 대

답도 없느냐 이 사람들이 너를 치는 증거가 어떠하냐 하되 ⁶¹침묵

하고 아무 대답도 아니하시거늘 … 마가복음 14:60~61

거짓 증언자들의 말도 맞지 않고, 예수님도 계속 침묵하자 대제사장이 직접 나서서 질문합니다.

… 대제사장이 다시 물어 이르되 네가 찬송 받을 이의 아들 그리스

도냐 마가복음 14:61

이 단도직입單刀直入적인 질문은 예수님이 자신을 일컬어 "하나님의 아들", "메시아 그리스도"라고 말한다는 이 사실이 그들이 예수님을 죽이려는 핵심 이유였기 때문에 이것을 확인하기 위해 주어진 전략적인 것이었습니다. 다른 모든 거짓 증언에 대해서는 침묵하셨던 예수님께서 대제사장의 이 결정적인 질문에 당당하게 그리고 확실하게 대답하십니다.

예수께서 이르시되 내가 그니라 인자가 권능자의 우편에 앉은 것

과 하늘 구름을 타고 오는 것을 너희가 보리라 하시니

마가복음 14:62

거짓을 말하지 않는 예수님의 진실함이 이들로 하여금 예수를 처형할 결정적인 근거와 빌미를 잡게 했습니다.

> ⁶³대제사장이 자기 옷을 찢으며 이르되 우리가 어찌 더 증인을 요구하리요 ⁶⁴그 신성 모독 하는 말을 너희가 들었도다 너희는 어떻게 생각하느냐 하니 그들이 다 예수를 사형에 해당한 자로 정죄하고 마가복음 14:63~64

유대인들은 하나님의 이름을 직접 거명하는 것조차도 불경스러운 것으로 여겼기에 대제사장조차도 하나님을 '찬송 받을 이'라고 돌려서 말하는 상황에서 예수님이 자신을 '그리스도'라고 칭하였다는 이유로, 자신을 '하나님의 우편에 앉은 존재'로 간주한다는 이유로, 자신을 '하늘 구름을 타는 분', 곧 '하나님'으로 묘사한다는 이유로 그들은 예수님을 신성모독죄로 규정하고 사형에 해당한 자로 정죄합니다.

그렇습니다. 이 대답 때문입니다. 이 내용 때문입니다. 이 가르침 때문에 예수님은 당연히 죽여야 할 사람으로 결정 내려졌습니다.

빌라도의 재판을 통해 반역죄와 사회 혼란 죄 명목으로

종교법 안에서의 제한된 치리권은 있었지만, 사형권은 없었던 종교 지도자들은 자신들끼리 사형 판결을 마친 후 이 일을 실행하기 위해 사형 권한을 가진 총독 빌라도에게 예수를 넘깁니다.

> ¹새벽에 모든 대제사장과 백성의 장로들이 예수를 죽이려고 함께 의논하고 ²결박하여 끌고 가서 총독 빌라도에게 넘겨주니라
> 마태복음 27:1~2

그러나 빌라도는 골치 아픈 유대교 종교 문제에 관여하고 싶지 않았습니다. 총독으로서 누구를 사형시킨다는 것은 로마 황제에게도 반드시 보고해야 할 중대한 통치행위였기에 이 일을 진행하기를 꺼렸습니다.

> 빌라도가 이르되 너희가 그를 데려다가 너희 법대로 재판하라 …
> 요한복음 18:31

그러나 종교 지도자들은 어떻게든 빌라도의 권세를 통해

예수를 죽이겠다고 결심하고 밀어붙이는 상황이었습니다.

> … 유대인들이 이르되 우리에게는 사람을 죽이는 권한이 없나이다 하니 요한복음 18:31

종교 지도자들은 "신성모독"이라는 종교적 이유로는 로마법에 근거해 예수를 사형시킬 수 없다는 것을 잘 알고 있었습니다. 그들에게는 로마법에 근거해 사형을 집행할 수 있는 정치, 사회적 죄목이 필요했습니다. 그래서 그들은 로마 정부를 대적하는 반역이라는 정치적인 문제로 확대하여 예수님을 고소합니다.

> 고발하여 이르되 우리가 이 사람을 보매 우리 백성을 미혹하고 가이사에게 세금 바치는 것을 금하며 자칭 왕 그리스도라 하더이다 하니 누가복음 23:2

그리고는 한 걸음 더 나아가 정치/사회/질서 문제로 비화^{飛火}합니다.

> 무리가 더욱 강하게 말하되 그가 온 유대에서 가르치고 갈릴리에

> 서부터 시작하여 여기까지 와서 백성을 소동하게 하나이다
>
> 누가복음 23:5

먹이를 향해 달려드는 이리떼처럼 예수를 죽이려고 달려드는 이들의 잔인한 모습이 그려지지 않습니까?

시기심과 정치적 판단 때문에

그러나 빌라도 총독은 이 재판의 불의함과 예수의 무죄함을 이미 알고 있었습니다. 로마제국의 치열한 정치 공방, 주도권 다툼에 이미 익숙해 있던 빌라도는 이스라엘 땅에서 벌어지고 있는 유대 민족들의 정치적 움직임을 너무나 잘 꿰뚫고 있었습니다.

> 이는 그 빌라도가 대제사장들이 시기로 예수를 넘겨 준 줄 앎이러라
>
> 마가복음 15:10

빌라도는 자신에게 득달같이 달려드는 유대 종교 지도자들에게 몇 번에 걸쳐 예수의 무죄함을 증언합니다.

빌라도가 대제사장들과 무리에게 이르되 내가 보니 이 사람에게
죄가 없도다 하니 누가복음 23:4

14이르되 너희가 이 사람이 백성을 미혹하는 자라 하여 내게 끌고
왔도다 보라 내가 너희 앞에서 심문하였으되 너희가 고발하는 일
에 대하여 이 사람에게서 죄를 찾지 못하였고 15헤롯이 또한 그렇
게 하여 그를 우리에게 도로 보내었도다 보라 그가 행한 일에는
죽일 일이 없느니라 누가복음 23:14-15

빌라도는 예수를 놓고자 하여 다시 그들에게 말하되
누가복음 23:20

빌라도가 세 번째 말하되 이 사람이 무슨 악한 일을 하였느냐 나는
그에게서 죽일 죄를 찾지 못하였나니 때려서 놓으리라 하니
누가복음 23:22

그렇다면 빌라도는 예수님의 무죄함을 알면서도 왜 결국 유대교 종교 지도자들의 사형 요청을 받아들였을까요?

빌라도가 아무 성과도 없이 도리어 민란이 나려는 것을 보고 물을

가져다가 무리 앞에서 손을 씻으며 이르되 이 사람의 피에 대하여
나는 무죄하니 너희가 당하라 마태복음 27:24

  예나 지금이나 정치 지도자들에게는 사회 안정과 질서유지 그리고 개인적으로는 통치권의 안정이 가장 중요한 이슈입니다. 당시 로마 정부로부터 파송되어 유대 지역을 다스리던 빌라도 역시 예수님의 무죄함을 알면서도 사회 안정과 질서 유지라는 공적이고 정치적 이유와 자신이 통치하는 지역에서 불미스러운 사고가 생기지 않아야 자신의 승진을 기대할 수 있다는 개인적 이유로 예수님을 죽음에 내어주고 말았습니다.

이에 예수를 십자가에 못 박도록 그들에게 넘겨 주니라

요한복음 19:16

  이 일에 대해 빌라도가 무슨 평계를 댄다고 하더라도 최종 결정권자는 빌라도였습니다. 세상은 그렇게 그들이 가진 제도권의 논리를 근거로, 그들이 받아들일 수 없다는 이유로 죄 없으신 예수님을 종교의 이름으로 정치 논리에 의해 십자가에서 죽였습니다.

십자가에 달려 죽은 분은 하나님의 아들 그리스도이십니다

십자가 처형이 흔치는 않았지만 로마 시대에는 늘 있었던 처형입니다. 역사상 십자가에 달려 죽은 사람이 예수님만 있었던 것도 아닙니다. 당장 예수님이 달린 그 십자가 좌우에는 두 명의 강도가 달린 십자가도 있었습니다. 십자가도, 십자가에서 죽은 사람도 예수님만 있었던 것은 아닙니다. 그런데 예수님의 십자가가 특별한 이유는 무엇일까요?

만약 예수님의 죽음이 그저 억울한 한 사람의 죽음이라면 이 죽음이 우리에게 주는 의미는 '안타까움, 아쉬움, 불쌍함, 인생의 허무함' 정도일 것입니다. 그러나 그들이 십자가에 못 박아 죽인 예수님은 과연 누구인가 하는 것이 중요합니다.

예수님은 여러 차례에 걸쳐 자신이 하나님의 아들이심을 분명히 말씀하셨습니다.

> 예수께서 이르시되 내가 그니라 찬송 받을 이의 아들 그리스도니라 인자가 권능자의 우편에 앉은 것과 하늘 구름을 타고 오는 것을 너희가 보리라 마가복음 14:62

하나님께서도 예수님의 부활을 통해 그가 하나님의 아들이라는 예수님의 주장이 진실이라는 것을 증언해 주셨습니다.

> 성결의 영으로는 죽은 자들 가운데서 부활하사 능력으로 하나님의 아들로 선포되셨으니 declared to be the Son of God 곧 우리 주 예수 그리스도시니라 로마서 1:4

기득권을 지키려는 인간들에 의해 십자가에서 못 박혀 죽은 무죄하신 인간 예수님은 예수님 자신의 증언과 하나님의 증언대로 찬송 받을 분의 아들, 하나님의 아들, 그리스도이십니다.

부활을 통한 하나님의 증언으로 우리는 성경에 기록된 예수님의 모든 말씀이 믿을만하고 믿어야 할 말씀이라는 것을 알 수 있습니다. 신구약의 모든 말씀은 예수님을 증거하기 위해 기록되었고 예수님의 모든 말씀은 하나님의 말씀입니다. 그리스도의 죽음과 부활과 세계 복음 전파는 이미 모세에게도 예언해 주셨던 하나님의 계획이었습니다.

> [44] 또 이르시되 내가 너희와 함께 있을 때에 너희에게 말한 바 곧 모세의 율법과 선지자의 글과 시편에 나를 가리켜 기록된 모든 것

이 이루어져야 하리라 한 말이 이것이라 하시고 ⁴⁵이에 그들의 마음을 열어 성경을 깨닫게 하시고 ⁴⁶또 이르시되 이같이 그리스도가 고난을 받고 제삼일에 죽은 자 가운데서 살아날 것과 ⁴⁷또 그의 이름으로 죄 사함을 받게 하는 회개가 예루살렘에서 시작하여 모든 족속에게 전파될 것이 기록되었으니 누가복음 24:44~47

인간들에 의해 죽임당한 '예수님의 피'는 '하나님의 피'입니다. 이것이 초대교회 공동체의 믿음이었습니다. 그래서 바울은 에베소 교회 지도자들에게 보낸 편지에서 '하나님이 자기 피로 교회를 사셨다'고 가르쳤습니다. 하나님으로부터 기름 부음 받았기 때문에, 그분을 대리하여 이 세상에 오셨기 때문에, 그분은 하나님과 동등한 분이시기 때문에 예수님의 피는 곧 하나님의 피입니다.

… 성령이 그들 가운데 여러분을 감독자로 삼고 하나님이 자기 피로 사신 교회를 보살피게 하셨느니라 사도행전 20:28

내 눈으로 목격한 것도 아닌 일제의 국권 침탈이 우리의 치욕이고, 명성황후 시해가 우리의 울분이고, 6.25 전쟁이 우리의 아픔이라고 여기신다면, 그리고 우리가 그 영향 안에 살아가고 있다고 인정하신다면 2천 년 전의 십자가 사건 역시 우리와 관계있고 오늘까지 효력을 갖는 사건입니다.

하나님의 이름을 부르기도 불경하게 여길 만큼 종교적이고 경건을 자처하는 사람들에 의해서 하나님의 이름과 영광을 빌미로 신성모독이라는 이름으로 억지스러운 세상 법의 적용을 통하여 자기 손이 아니라 남의 손을 빌려서 지독한 죄인들만 처형하는 십자가에서 하나님의 아들이 죄인이라는 누명을 쓰고 죽임을 당했습니다. 하나님의 기름 부음 받은 자, 메시아, 그리스도가 우리 죄를 위해 십자가에서 죽임당하셨습니다. 세상은 예수를 십자가에 못 박아 죽였지만, 그들이 십자가에서 죽인 것은 그저 한 사람이 아니라 그리스도, 하나님의 아들, 바로 하나님이었습니다.

그렇습니다. 2천 년 전, 유대 땅에서 십자가에서 못 박혀 죽은 분은 세상을 창조한 하나님이십니다. 그 사건이 나와 무슨 상관이 있냐구요? 아닙니다. 질문이 바뀌어야 합니다. 우리는 2천 년 전의 이 사건을 어떻게 이해하고, 어떻게 받아들여야 할까요?

종교 지도자들은 예수님의 진술과 가르침이 거짓이며 신성모독이라고 여겼지만 그것은 사실이었습니다. 몰라서 그랬다고 하더라도 무지함의 결과로 하나님의 아들을 죽이는 죄를 범한 것입니다. 만약 알았다 한다면 알고서도 하나님이 아들을 거부하고 죽인 죄는 더 큽니다. 오늘 우리도 결단해야 합니다. 예수님을 올바로 알고 그분에 대한 바른 믿음을 가져야 합니다. 성경은 말합니다.

> 믿고 세례를 받는 사람은 구원을 얻을 것이요 믿지 않는 사람은 정죄를 받으리라 마가복음 16:16

> 네가 만일 네 입으로 예수를 주로 시인하며 또 하나님께서 그를 죽은 자 가운데서 살리신 것을 네 마음에 믿으면 구원을 받으리라 로마서 10:9

유대 종교 지도자들에 의해 신성모독 죄 명목으로, 빌라도의 재판을 통해 반역죄와 사회 혼란 죄 명목으로, 시기심과 정치적 판단 때문에 십자가에 달려 죽은 분은 하나님의 아들 그리스도이십니다. 이 글을 읽는 모든 분이 하나님의 아들이신 예수님의 십자가 죽음 사건을 나를 위한 속죄와 구원의 사건으로 믿고 받아들여 영원한 구원에 이르게 되기를 바랍니다.

3. 예수 죽음의 의미

아버지의 뜻과 성경의 예언을 이루기 위한 메시아로서의 죽음

성경이 그 시기와 방법을 기록하고 있지는 않지만, 세례 요한은 자기를 통해 세례를 받을 사람 중에 메시아가 있을 것이라는 예언을 하나님으로부터 미리 받았었나 봅니다. 수많은 사람이 세례를 받기 위해 자신을 거쳐 가는 동안 '과연 누가 메시아일까?' 하고 얼마나 궁금해했을까요?

> 나도 그를 알지 못하였으나 나를 보내어 물로 세례를 베풀라 하신 그이가 나에게 말씀하시되 성령이 내려서 누구 위에든지 머무는 것을 보거든 그가 곧 성령으로 세례를 베푸는 이인 줄 알라 하셨기에 요한복음 1:33

이후 세례 요한은 예수님이 세례를 받으실 때 성령이 임하는 것을 목격하고 예수님이 하나님의 아들 메시아이심을 확신하게 되었습니다.

> 요한이 또 증언하여 이르되 내가 보매 성령이 비둘기 같이 하늘로부터 내려와서 그의 위에 머물렀더라 요한복음 1:32

사람들 앞에서 공개적으로 '그가 하나님의 아들이심'을 증언하기도 했습니다.

> 내가 보고 그가 하나님의 아들이심을 증언하였노라 하니라
> 요한복음 1:34

그런데 세례 요한은 자기의 죽음이 다가오고 있는 상황에서 예수님이 진짜 메시아가 맞는지 확인하고 싶어 사람을 보내 질문합니다. 성경에 오시리라 예언된 그 분이 당신입니까? 아니면 우리가 다른 분을 기다려야 합니까? 너무나 무례할 수 있는, 그래서 최대한의 예의를 갖춘, 그러나 자신으로는 너무 절박한 질문이었습니다.

²요한이 옥에서 그리스도께서 하신 일을 듣고 제자들을 보내어 ³예수께 여짜오되 오실 그이가 당신이오니이까 우리가 다른 이를 기다리오리이까 마태복음 11:2-3

예수님은 그 사람들에게 "너희가 듣고 본 그대로 요한에게 전하라"고 대답하십니다.

예수께서 대답하여 이르시되 너희가 가서 듣고 보는 것을 요한에게 알리되 마태복음 11:4

그들이 예수님에 관하여 듣고 본 일은 무엇이었습니까? 그것은 시각 장애인이 시력을 회복하고, 지체 장애인이 걷게 되고, 나병환자가 깨끗함을 받고, 청각 장애인이 청력을 회복하고, 죽은 자가 살아나고, 가난한 자들에게 하나님 나라의 부요함이 전파되는 것이었습니다.

맹인이 보며 못 걷는 사람이 걸으며 나병환자가 깨끗함을 받으며 못 듣는 자가 들으며 죽은 자가 살아나며 가난한 자에게 복음이 전파된다 하라 마태복음 11:5

예수님은 자기가 메시아라고 말로만 내세운 것이 아니라, 이사야 선지자가 예언한 메시아의 일을 하는 당신을 통해 하나님의 뜻과 능력이 드러나고 있다는 사실에 근거해 메시아이심을 알려주셨습니다.

> 주 여호와의 영이 내게 내리셨으니 이는 여호와께서 내게 기름을 부으사 가난한 자에게 아름다운 소식을 전하게 하심이라 나를 보내사 마음이 상한 자를 고치며 포로된 자에게 자유를, 갇힌 자에게 놓임을 선포하며 이사야 61:1

예수님의 제자들도 예수님께서 이 땅에서 공적 생애를 살아가시는 동안 행하셨던 일을 '성경을 가르치고, 천국 복음을 전파하고, 병과 약함을 고치는' 일들이라고 기록합니다. 이러한 기록 역시 예수님께서 구약에 예언한 메시아시라는 것을 강조하기 위함입니다.

> 예수께서 모든 도시와 마을에 두루 다니사 그들의 회당에서 가르치시며 천국 복음을 전파하시며 모든 병과 모든 약한 것을 고치시니라 마태복음 9:35

이스라엘 백성 중에도 하나님 나라의 복음을 전하며, 각종 병자도 고치고, 죽은 자도 살리는 생명의 능력자이신 예수님을 하나님께서 보내신 메시아로 믿는 사람들이 있었습니다. 그러나 메시아의 역할에 대해서는 오해하고 있었습니다. 사람들은 이런 능력의 예수님이 이스라엘을 통치하는 자리에 앉아 로마 치하에서 식민지로 살아가던 하나님의 백성에게 자유와 해방을 가져올 것을 기대했습니다.

그러나 예수님께서 메시아와 왕으로 행하시려는 일은 일반 대중이 기대하던 세상 왕의 역할이 아니었습니다. 예수님은 '사람들이 기대하는' 구세주 메시아의 길이 아니라 '하나님이 계획하신' 구세주 메시아의 길을 걸으십니다. 그것은 세상의 잠시 썩어 없어질 권세로, 썩어 없어질 통치를 이루는 왕이 아니라, 인간에게 영원한 생명을 주시려는 '하나님의 말씀과 뜻'을 이루는 왕이 되시려는 길이었습니다.

예수님은 자신의 능력으로 얼마든지 십자가의 길을 피해갈 수 있었습니다. 그러나 예수님의 사명은 개인적인 형통이나 평안함이 아니라, 하나님 뜻을 실현하는 일이었습니다.

> 내가 만일 그렇게 하면 이런 일이 있으리라 한 성경이 어떻게 이루
> 어지겠느냐 하시더라 마태복음 26:54

그래서 예수님은 자신을 세상의 임금으로 삼으려는 사람들의 움직임 앞에서 의도적으로 그 자리를 피하셨습니다.

> 그러므로 예수께서 그들이 와서 자기를 억지로 붙들어 임금으로 삼
> 으려는 줄 아시고 다시 혼자 산으로 떠나 가시니라 요한복음 6:15

영광을 누리는 군림하는 왕의 길이 아니라, 죄인을 위해 고난 받는 구세주의 길을 걸으십니다.

> … 보라 우리가 예루살렘으로 올라가노니 선지자들을 통하여 기
> 록된 모든 것이 인자에게 응하리라 누가복음 18:31

예수님의 죽음은 아버지의 뜻과 성경의 예언을 이루기 위한 메시아로서의 죽음이었습니다.

하나님의 공의와 사랑을 만족시키기 위한 희생의 죽음

은혜는 받을 자격 없는 사람에게 베풀어지는 호의^{好意}입니다. 그런 점에서 죄에 대한 용서는 은혜를 전제로 합니다. 대가를 전제로 하는 용서, 값을 치른 용서는 은혜가 아닙니다. 죄의 대가로 교도소 수용 만기 출소한 사람이 나라에 은혜를 입었다고 말하지는 않습니다. 대가 없는 용서가 은혜입니다.

그런데 문제가 있습니다. 우리는 인생 경험을 통해 대가 없는 용서만으로는 충분하지 않은 때가 있다는 것을 압니다. 이것은 남에게 너무 큰 해를 입힌 잘못, 예를 들어 성폭행이나 강도 살인처럼 죄로 인한 상해^{傷害}가 크면 클수록 대가 없는 무작정의 용서를 하기에는 난감합니다. 만약 판사가 살인범과 강간범에게 "뉘우치면 되었다. 용서한다"라고 선고한다면 그런 사회는 질서가 세워지지 않아 존립할 수 없을 것입니다.

하나님의 공의도 마찬가지입니다. 궁극적으로 죄는 하나님께 짓는 것이기 때문에 모든 죄는 다 심각한 죄입니다. 피해 당사자에게 용서받아야 참된 용서가 된다는 점에서 하나님께 지은 죄는 인간이 용서를 운운할 수 없고, 하나님만이 용서하실 수 있습니다. 우주와 인간을 지으신 창조주를 부정하고 거역하는 죄는 누구에게도 용서받을 수 없고, 무엇으로도 용서받을 수 없는 반역죄입니다. 공의로운 하나님은 이 죄에 대하여 거룩한 진노를 품으십니다. 그래서 하나님 앞에서 죄인인 우리는 저주 아래 있습니다.

> 무릇 율법 행위에 속한 자들은 저주 아래에 있나니 기록된바 누구든지 율법책에 기록된 대로 모든 일을 항상 행하지 아니하는 자는 저주 아래에 있는 자라 하였음이라 갈라디아서 3:10

죄지은 자들은 마땅한 형벌을 받아야 합니다. 죄를 벌하지 않는 것은 불의한 일입니다. 그러나 죄에 대해 저주에 짓눌려 지내는 것을 차마 보지 못하십니다. 하나님의 딜레마가 이것입니다. 죄는 참을 수 없고, 사랑은 실행해야 하는 거룩한 진노만이 하나님의 마음이 아닙니다. 하나님은 사랑이 한량없는 분이시라는 것과 인간의 죄, 이 두 문제를 어떻게 해결하셨을까요?

만약 하나님이 공의롭지 않은 분, 뭐든 자기 마음대로 해버리는 독재자 같은 분이라면 자기 약속을 어기는 것이 뭐 그리 큰 문제이겠습니까? 만약 하나님이 사랑이 없는 분이었다면 사람들이 영원히 죽든 말든 내버려두면 그만 아니겠습니까? 어차피 죄를 지은 것은 인간이니 말입니다. 인간을 구원하려는 일, 그것도 자기 아들까지 내어주는 일을 할 필요가 있을까요?

그러나 공의와 사랑의 하나님께서는 우리를 용서해 주시려고 죄를 알지도 못하시는 당신의 아들 그리스도에게 우리 죄의 책임을 뒤집어씌우고 죄의 값을 저주로 치르게 하십니다.

> 하나님이 죄를 알지도 못하신 이를 우리를 대신하여 죄로 삼으신 것은 우리로 하여금 그 안에서 하나님의 의가 되게 하려 하심이라
> 고린도후서 5:21

하나님께서 죄를 알지도 못하시는 그리스도에게 죄의 책임을 뒤집어씌우신 방법은 십자가 죽음이었습니다.

> 우리는 그리스도 안에서 그의 은혜의 풍성함을 따라 그의 피로 말미암아 속량 곧 죄 사함을 받았느니라 에베소서 1:7

예수님이 인간의 죄를 대신하려면 그분 자신이 인간이셔야

만 했고, 예수님이 인간의 죄를 해결하려면 그분 자신이 죄가 없는 분이어야 했기에 하나님께서는 그 아들을 인간으로 보내어 인간의 죄를 대신 짊어지고 그 저주의 값을 치르게 하셨습니다. 이 사실은 우리의 죄는 다른 어떤 것으로도 해결받을 수 없고, 오직 하나님이 자기 아들을 내어놓으셔야 해결될 만큼의 엄청난 일이며 다른 어떤 방법으로도 우리 스스로 죗값을 갚을 길이 없었다는 뜻입니다. 더군다나 이 대리자는 우리가 부탁해서 오신 분이 아니라, 하나님께서 먼저 보내신 분이었습니다.

> 사랑은 여기 있으니 우리가 하나님을 사랑한 것이 아니요 하나님이 우리를 사랑하사 우리 죄를 속하기 위하여 화목제물로 그 아들을 보내셨음이라 요한일서 4:10

우리는 우리가 죄인인 줄도, 죄의 결과가 얼마나 무서운지도 알지 못하고, 죄 문제의 해결을 요청하지도 않았을 때 하나님께서는 우리를 살리시려고 이 모든 일을 진행하셨습니다. 우리는 십자가 앞에서 비로소 우리를 향한 하나님의 사랑이 얼마나 큰 것인가를 알게 됩니다.

> 우리가 아직 죄인 되었을 때에 그리스도께서 우리를 위하여 죽으
> 심으로 하나님께서 우리에 대한 자기의 사랑을 확증하셨느니라
> 로마서 5:8

우리가 하나님 앞에서 죄인인 것을 인정하고 그리스도의 십자가 처벌이 나의 죄를 위한 것임을 인정한다면 우리는 더 이상 죄의 처벌을 받지 않아도 됩니다.

> 나 곧 나는 나를 위하여 네 허물을 도말하는 자니 네 죄를 기억하
> 지 아니하리라 이사야 43:25

그리스도의 십자가 사건이 세상의 법보다 더 큰 효력을 가지는 이유는 그리스도 십자가의 처벌은 인간의 "범죄 행위에 대한 처벌"만이 아니라, "죄인 됨에 대한 처벌"이기 때문에 '예수 믿고 난 이후의 범죄 행위에 대해서도 그리스도 안에서 용서받는다'는 사실입니다.

> 그에 대하여 모든 선지자도 증언하되 그를 믿는 사람들이 다 그의
> 이름을 힘입어 죄 사함을 받는다 하였느니라 사도행전 10:43

세상 모든 종교의 신은 배부른 사람이 가난한 사람에게 던져주는 부스러기 같은 은혜를 베푼다고 한다면, 우리가 믿는 하나님은 죽어 마땅한 죄인을 위해 자기 자신을 내어주는 은혜의 하나님이십니다. 십자가가 우리에게는 은혜이지만, 예수님에게는 희생이었습니다. 예수님의 죽음은 하나님의 공의와 사랑을 만족시키기 위한 희생적인 죽음이었습니다.

생명의 주인이신 하나님과 화목의 길을 열기 위한 죽음

　살다 보면 의도치 않게 타인에게 해를 끼치는 사람이 되거나 형법刑法적인 면만 아니라 관계적인 측면에서라도 가해자加害者가 될 때가 있습니다. 이런 경우 대부분 피해나 고통을 당한 사람은 그 일을 잊고 싶어도 잊히지 않는데 해를 끼친 사람은 그 일을 기억하지 못하는 때가 많습니다. 그리고 이런 일은 하나님과 우리 사이에도 존재합니다.

　성경은 우리 인류의 형편을 두고 '하나님과 원수가 되었다'고 말하는데도 우리는 이런 상황과 그 심각성을 알지 못합니다.

곧 우리가 원수 되었을 때에 ⋯ 로마서 5:10

  이 일은 우리가 하나님의 존재와 통치를 거부함으로 일어난 일입니다. 우리 인류는 하나님 섬기기를 거부했고, 하나님보다 마귀를 따르기 원했습니다. 우리는 진리를 따르기보다는 쾌락적인 세상 풍속을 따르기 원했습니다. 동시에 인류는 역사 이래로 항상 종교를 통해 절대자를 찾아왔습니다. 그러나 표면적으로는 신을 찾는다고 하지만, 실질적으로는 하나님의 뜻을 따를 의향도 없고 하나님의 법을 좋아하지도 않는다는 것이 우리 내면의 현실입니다.

  육신의 생각은 하나님과 원수가 되나니 이는 하나님의 법에 굴복하지 아니할 뿐 아니라 할 수도 없음이라 로마서 8:7

  우리는 이렇게 하나님과 원수 된 길을 가면서도 아무런 문제의식이 없었습니다. 문제 해결을 위한 고민도 없었고, 문제 해결을 위한 노력이나 의지도 없었고, 해결 방법도 없었습니다. 그런데 우리가 하나님과 원수가 된 절망적 상태에서 이렇게 깨어진 관계를 회복하기 위한 실효적인 사역은 인간 편에서가 아니라 하나님 편에서 시작되었습니다. 우리는 예수 십자가 죽음을 통해서 하나님 앞으로 나아갈 수 있는 자격을 얻었습니다.

> 그리스도께서도 단번에 죄를 위하여 죽으사 의인으로서 불의한 자를 대신하셨으니 이는 우리를 하나님 앞으로 인도하려 하심이라 육체로는 죽임을 당하시고 영으로는 살리심을 받으셨으니
> 베드로전서 3:18

예수님은 의인으로서 불의한 자를 대신하셨습니다. 예수님의 십자가 죽음은 우리를 하나님 앞으로 인도하는 길입니다. 하나님께서는 우리를 위해 독생자를 보내셔서 그에게 우리의 모든 죄를 뒤집어씌우고 처벌하셨습니다. 하나님의 아들이신 예수 그리스도께서 의인으로서 불의한 우리를 대신하여 십자가에서 죽으심으로써 우리는 하나님과 원수의 관계에서 벗어나 하나님과 화목하게 되었습니다.

> … 그의 아들의 죽으심으로 말미암아 하나님과 화목하게 되었은 즉 … 로마서 5:10

하나님의 아들이신 예수님의 죽음이 없었다면 우리는 하나

님께 나아갈 자격이 없습니다. 하나님의 아들이신 예수님의 죽음이 없었다면 영원한 죽음에 이를 때까지 하나님의 원수로 살아가야 합니다. 하나님의 아들이신 예수님의 죽음이 없었다면 이 땅을 사는 동안에도 하나님의 생명력에서 끊어져 고통과 만족 없는 두려움과 불안 안에 살아가야 하고, 결국에는 영원히 처벌받을 지옥에 갈 수밖에 없습니다. 하나님의 아들이신 예수님의 죽음이 우리를 하나님과 화목하게 만들었습니다. 예수님의 죽음은 생명의 주인이신 하나님과 우리 사이에 화목의 길을 열기 위한 죽음이었습니다.

우리 죄의 대가를 지불하고 마귀의 세력을 멸하기 위한 죽음

구세주 예수님은 아버지의 뜻을 따르기 위한 자발성으로 자기 목숨을 내어놓으셨습니다.

> 이를 내게서 빼앗는 자가 있는 것이 아니라 내가 스스로 버리노라 나는 버릴 권세도 있고 다시 얻을 권세도 있으니 이 계명은 내 아버지에게서 받았노라 하시니라 요한복음 10:18

예수님은 자신의 목숨을 많은 사람의 대속물로 주려는 이 죽음의 길을 메시아의 길로 알고 따르셨습니다.

> 인자가 온 것은 섬김을 받으려 함이 아니라 도리어 섬기려 하고 자기 목숨을 많은 사람의 대속물로 주려 함이니라 마가복음 10:45

대속물이라는 단어의 뜻은 노예나 포로, 죄수를 석방할 때 지불하는 돈으로 속전贖錢입니다. 세상의 왕으로 오신 예수님은 자신의 통치를 위해 백성의 목숨을 요구하지 않으시고, 오히려 왕이신 자신의 목숨을 내어주어 죄의 노예요, 죽음에 사로잡힌 죄수인 우리를 석방시키셨습니다.

이때 우리에게 한 가지 질문이 생깁니다. 예수님께서 우리를 대신해서 죗값을 치르시는 속전이 되셨다고 한다면, 그 값은 누구에게 치른 것일까요? 예수님께서 자기 목숨을 많은 사람의 대속물로 내어주셨을 때, 이 대속물을 받으시는 분은 사람이나 마귀가 아니라 하나님이십니다. 그리스도께서는 흠 없는 자신을 희생제물로 "하나님께" 드리셨습니다.

> 그리스도께서 너희를 사랑하신 것 같이 너희도 사랑 가운데서 행

하라 그는 우리를 위하여 자신을 버리사 향기로운 제물과 희생제
물로 하나님께 드리셨느니라 에베소서 5:2

예수님은 사탄에게 값을 치른 것이 아닙니다! 사탄은 지옥의 문지기나 관리자, 저승사자가 아닙니다. 사탄은 지옥에서 고통받아야 할 처벌의 대상일 뿐입니다. 하나님의 아들이 인간으로 오셔서 십자가를 지신 것은 마귀의 종이었던 우리는 살리시고, 우리를 종 삼은 마귀는 멸하시기 위함이었습니다.

자녀들은 혈과 육에 속하였으매 그도 또한 같은 모양으로 혈과
육을 함께 지니심은 죽음을 통하여 죽음의 세력을 잡은 자 곧 마
귀를 멸하시며 히브리서 2:14

예수님은 인류 구원을 위해 마귀와 협상하신 것이 아닙니다. 예수님께서 십자가를 지신 것은 세상 풍속을 따르며 마귀의 종노릇 하던 우리를 하나님의 자녀로 삼기 위함입니다. 동시에 인간을 죄로 얽어매고, 속임으로 얽어매고, 죽음의 권세로 붙들고 있는 마귀의 권세를 깨뜨리기 위함이었습니다. 예수님은 십자가 죽음의 처벌을 받으시고, 죽음의 권세를 이기시고 부활하심으로 우리를 포로 삼았던 마귀의 권세를 깨뜨리셨습니다.

이를 통해 우리는 더 이상 마귀에게 얽매일 이유도 없고, 갚을 것도 없습니다. 수용소에서 벗어난 자유민이 수용소 규칙을 따를 이유가 없듯이 이제 우리는 마귀의 원리, 죽음의 원리를 따를 이유도 없습니다. 귀신을 쫓아다니고, 점집을 쫓아다니고, 사주팔자 운세를 쫓아다니지 않아도 됩니다.

하나님의 정죄로부터 우리를 해방시키는 속전은 그리스도의 생명이었고 이 일은 십자가에서 이루어졌습니다. 예수님이 우리 대신 하나님께 값을 지불하셨습니다. 그래서 우리는 하나님과 화목 되었습니다. 예수님이 우리를 쥐고 있던 마귀를 멸하셨습니다. 그래서 우리는 마귀에 대하여 자유합니다. 예수님이 우리의 죗값을 대신 지불하셨습니다. 그래서 우리는 죄책감에서 자유합니다. 예수님의 죽음은 우리 죄의 대가를 지불하고 마귀의 세력을 멸하기 위한 죽음이었습니다.

악한 자와 악한 세대에서 우리를 건지시기 위한 죽음

성경은 그리스도 밖에 있는 사람들과 세상을 두고 '악한 자'의 통제와 다스림 아래 놓여 있다고 증언합니다.

> 또 아는 것은 우리는 하나님께 속하고 온 세상은 악한 자 안에 처한
> 것이며 요한일서 5:19

새번역 성경에서는 이 구절을 "온 세상은 악마의 세력 아래 놓여 있습니다."the whole world is under the control of the evil one. (NIV)라고 더욱 분명하게 번역합니다.

그래서 세상을 따라 산다는 것은 자신도 모르는 사이에 '악한 자, 마귀'의 세력 안에서 사는 것입니다. '이 세상 풍조를 따르는' 것은 '공중의 권세 잡은 자를 따르는' 것입니다. '공중의 권세 잡은 자'는 불순종의 아들들 가운데 일하고 있는at work 영, 곧 마귀입니다.

> 그 때에 너희는 그 가운데서 행하여 이 세상 풍조를 따르고 공중의
> 권세 잡은 자를 따랐으니 곧 지금 불순종의 아들들 가운데서 역사
> 하는 영이라 에베소서 2:2

'악한 자'인 마귀는 사람들에게 자유를 준다고 하면서 실제로는 사람들을 유혹하여 자기의 종으로 삼을 뿐입니다.

마피아가 장악한 동네의 악한 질서 안에서의 삶을 당연하게 여기고 사는 모습을 상상해 보십시오. 당장은 평안하게 살 만한 듯하지만, 그 삶은 악한 질서 안에서의 삶일 뿐입니다.

> 그들에게 자유를 준다 하여도 자신들은 멸망의 종들이니 누구든지 진 자는 이긴 자의 종이 됨이라 베드로후서 2:19

'이 세상의 신'이라 불리는 '악한 자' 마귀는 사람을 속여 이런 사실을 숨기려 합니다.

> 그 중에 이 세상의 신이 믿지 아니하는 자들의 마음을 혼미하게 하여 그리스도의 영광의 복음의 광채가 비치지 못하게 함이니 그리스도는 하나님의 형상이니라 고린도후서 4:4

마귀는 그 본성이 거짓말쟁이기 때문입니다.

> 너희는 너희 아비 마귀에게서 났으니 너희 아비의 욕심대로 너희도 행하고자 하느니라 그는 처음부터 살인한 자요 진리가 그 속에 없으므로 진리에 서지 못하고 거짓을 말할 때마다 제 것으로 말하나니 이는 그가 거짓말쟁이요 거짓의 아비가 되었음이라 요한복음 8:44

사람들이 참된 영적 현실, 참된 하나님, 그리스도와 복음으로 인한 유일한 구원의 길을 듣지 못하게 하고, 믿지 못하게 만드는 것이 마귀의 일입니다. 종교인이 되도록 내버려두더라도 절대로 신앙인은 되지 못하도록 영향을 끼칩니다. 그 결과 사람들은 하나님으로부터의 자유를 외치지만, 사실은 죄와 마귀의 종이 되어가고 있을 뿐입니다. 마귀는 본질적으로 우리의 생명을 착취하려는 영적 세계의 마피아일 뿐입니다. 사람들이 알지 못하더라도, 부인한다고 하더라도 이것이 바로 인류의 영적 현실입니다.

이러한 우리가 바라보아야 할 참된 자유는 영적 눈을 뜨고 진리를 깨달아 악한 자에게서 벗어나는 것입니다. 예수님은 십자가를 통해 악한 자를 이기심으로써 이 일을 이루셨습니다.

> 이제 이 세상에 대한 심판이 이르렀으니 이 세상의 임금이 쫓겨나리라 요한복음 12:31

세상의 지혜를 추구하는 사람들에게는 '악한 자에게서 구원과 자유를 얻게 해 주는 그리스도의 십자가의 가르침'은 어리석고 미련한 것으로 보입니다.

> 십자가의 도가 멸망하는 자들에게는 미련한 것이요 구원을 받는 우리에게는 하나님의 능력이라 고린도전서 1:18

그러나 영원의 관점에서 바라보면 세상의 풍속과 공중 권세 잡은 자를 따르는 삶, 우리가 원래 인생은 다 그런 것이라고 여기는 그 생각이 어리석고 미련한 것일 뿐입니다.

> 이 세상 지혜는 하나님께 어리석은 것이니 기록된바 하나님은 지혜 있는 자들로 하여금 자기 꾀에 빠지게 하시는 이라 하였고
> 고린도전서 3:19

예수님은 이 악한 세대에서 우리를 건지시려고 십자가의 죽음을 받아들이셨습니다.

> 그리스도께서 하나님 곧 우리 아버지의 뜻을 따라 이 악한 세대에서 우리를 건지시려고 우리 죄를 대속하기 위하여 자기 몸을 주셨으니 갈라디아서 1:4

예수님은 세상 풍속과 세상의 지혜가 전부인 줄 알고 사는 우리를 건져 하나님의 뜻을 따르는 길, 참된 행복과 생명의 길을 걷게 하십니다. 우리는 그저 구원받았다고 좋아하지만, 이 일을 위해 예수님은 자기의 목숨을 내어놓으셨습니다. 예수님은 우리가 마귀와 악한 세대 안에서 짓눌려 살지 않도록 그 생명과 피 값으로 영적 자유를 주셨습니다. 예수님의 죽음은 이 악한 세대와 악한 자에게서 우리를 건지시기 위한 죽음이었습니다.

자격 없는 기도에도 응답하시겠다는 보증이 되는 죽음

우리나라 정서로 기도라는 행위는 어떤 종교든 '지성이면 감천'이라는 사고방식 가운데 행해집니다. 절대자에게 드린 기도가 응답받는 조건은 치성^{바칠致 정성誠}이라고 사람들은 말합니다. 그러나 성경은 기도 응답의 조건을 달리 말합니다.

이스라엘 백성은 아브라함 이후 혈통과 유대교 율법 안에서 하나님의 언약 백성이 되어 기도 응답의 자격을 얻었습니다. 그러나 예수님이 오신 이후 이 길은 달라집니다. 하나님의 언약 백성이 되어야 하는 것은 같지만, 그 방법이 혈통 안에서 할례를 받고 유대 율법을 지키는 것이 아니라, 우리를 위한 대속의 희생제물 되신 그리스도를 구세주로 믿음으로써 믿음의 언약 안에 들어가는 것입니다.

이 과정에서 예수님의 십자가 사건과 하나님의 기도 응답 사이에는 매우 큰 논리적 연관성이 있습니다. 바울은 우리를 위해 세상의 무엇으로도 맞바꿀 수 없는 자기 아들을 수난과 죽음에까지 내어주신 하나님께서 모든 것을 주시지 않겠느냐고 말합니다.

> 자기 아들을 아끼지 아니하시고 우리 모든 사람을 위하여 내주신 이가 어찌 그 아들과 함께 모든 것을 우리에게 주시지 아니하겠느냐
> 로마서 8:32

만약 우리에게 십자가가 없었다면 우리는 하나님의 사랑과 보호에 대하여 확신을 가질 수가 없습니다. 만약 우리에게 십자가가 없었다면 우리는 기도 응답의 확신을 가질 수 없습니다. 그래서 예수의 십자가를 가졌다는 것은 하나님이 주실 수 있는 최고의 것을 이미 받았다는 뜻입니다.

³⁵누가 우리를 그리스도의 사랑에서 끊으리요 환난이나 곤고나 박해나 기근이나 적신이나 위험이나 칼이랴 ³⁶기록된바 우리가 종일 주를 위하여 죽임을 당하게 되며 도살당할 양 같이 여김을 받았나이다 함과 같으니라 ³⁷그러나 이 모든 일에 우리를 사랑하시는 이로 말미암아 우리가 넉넉히 이기느니라 로마서 8:35~37

하나님으로부터 아들까지 받았는데 다른 것을 더 달라고 하는 것은 파렴치한 일이 아닙니다. 그렇게 큰 은혜를 주었는데 다른 것을 더 달라고 하는 것은 배은망덕한 일이 아닙니다. 성경에서 하나님은 우리가 '생존할 만큼'만 채우시는 분이 아니라 '풍성함 가운데 우리의 쓸 것을 모두 채우'시는 분으로 묘사됩니다.

나의 하나님이 그리스도 예수 안에서 영광 가운데 그 풍성한 대로 너희 모든 쓸 것을 채우시리라 빌립보서 4:19

우리의 아버지이신 하나님께서는 기도와 응답이라는 방법을 통해 우리의 모든 쓸 것을 채워주십니다. 이러한 자원 공급은 하나님의 자원의 풍성하심, 사랑의 풍성하심에 근거합니다. 이러한 하나님의 응답과 채우심은 오직 예수로 인해 예수 안에 있는 자에게 주어집니다. '예수 십자가로 만족한다'는 말이 '삶에서 필요한 것들은 없어도 된다'는 말이 아닙니다. 오히려 예수님의 십자가 안에서 다른 것의 풍성함까지도 약속되어 있습니다. 예수 십자가 안에서 우리는 비로소 기도 응답의 확신도 가질 수 있다는 말입니다. 예수님의 십자가 죽음은 자격 없는 우리의 기도에도 응답하시겠다는 보증이 되는 죽음이었습니다.

연약한 우리를 온전하게 하시는 죽음

그런데 우리가 이러한 예수 죽음의 의미를 깊이 깨달았다고 해도 우리의 삶은 그리 크게 변하지 않습니다. 예수님과의 영적 만남을 가진 사람들이라면 아무리 힘들어도 찬송이 저절로 흘러나오고, 교회 마당만 밟아도 좋고, 예배만 드리면 눈물이 흐르던 경험이 있을 것입니다. 그런데 그런 마음이 죽을 때까지 변치 않는 사람은 없습니다. 예수님의 십자가로 인해 뜨거웠던 가슴은 냉랭하고 덤덤해질 수 있습니다. 그렇게 행복했었던 신앙생활이 귀찮고 힘들게 느껴지기도 할 것입니다.

예수 믿는 우리는 바울처럼 자기 내면의 부조리함과 곤고함을 탄식할 수밖에 없습니다.

> 오호라 나는 곤고한 사람이로다 이 사망의 몸에서 누가 나를 건져내랴 로마서 7:24

바울은 그런 곤고함을 극복하기 위해 무엇인가를 향해 달려가는 삶의 태도를 유지했습니다.

> 내가 이미 얻었다 함도 아니요 온전히 이루었다 함도 아니라 오직 내가 그리스도 예수께 잡힌 바 된 그것을 잡으려고 달려가노라
> 빌립보서 3:12

'달려간다'는 말은 보편적으로는 '아직 이루어지지 않은 일을 위해 노력해야 한다'는 의미로 해석됩니다. 그러나 이 표현의 정확한 의미는 '이루어지지 않은 일을 위한 노력'이 아니라, '이루어진 일에 대한 확신'을 지켜가야 한다는 의미입니다. '그리스도 예수께 잡힌 바 된'이라는 표현은 '그리스도 예수께서 나를 자신의 소유로 삼으신'Christ Jesus took hold of me이라는 의미이고, '그것을 잡으려고 달려간다'는 것은 '그 사실

을 붙드는 것'입니다. 내가 예수님께 선택받은 사람, 간택당한 사람이라는 것을 잡는 일에 힘써야 합니다. 우리에게는 그리스도를 위해 내가 다른 어떤 일을 더 하려는 노력이 필요한 것이 아니라, 그리스도께서 나를 위해 행해주신 그 일, 나를 붙들어주신 그 일, 나를 살리려 행해주신 십자가의 일을 더 강하게 붙드는 것이 필요합니다. 이것이 그리스도 신앙을 지켜가는 길이고, 믿음이 흔들리지 않는 비결이고, 하늘의 푯대까지 달려갈 힘입니다.

우리는 오직 예수님의 십자가 안에서만 하나님 앞에 설 수 있는 존재, 십자가 안에서만 온전한 존재입니다.

> 그가 거룩하게 된 자들을 한 번의 제사로 영원히 온전하게 하셨느니라
> 히브리서 10:14

우리 삶에서 십자가를 제외하면 우리의 현실만 남는데 그 현실이라는 것은 죄의 종입니다. 그러나 십자가 안으로 들어오면 예수 십자가의 피로 인해 의로움의 옷이 입혀집니다. 실천적으로는 완전한 거룩에 이르지 못했어도 예수로 말미암아 이미 거룩하게 되었고, 이미 온전하게 되었습니다. 우리의

완전함은 우리 힘이나 능력이나 인격에 근거하지 않고 오직 그리스도의 십자가 공로 때문입니다.

> 이제는 그의 육체의 죽음으로 말미암아 화목하게 하사 너희를 거룩하고 흠 없고 책망할 것이 없는 자로 그 앞에 세우고자 하셨으니 골로새서 1:22

이 의의 옷, 믿음의 옷을 입을 거냐 말거냐에 따라 우리는 하나님 앞에서 완전히 다른 존재가 됩니다. 그러니 예수님을 놓치지 않기를 바랍니다. 예수님의 십자가 은혜를 붙들기를 바랍니다. 예수님의 십자가 죽음은 연약한 우리를 온전하게 하는 죽음이었습니다.

그렇다면 예수님의 이 십자가가 얼마나 많은 사람을 구원하실 수 있을까요? 바울은 유일한 중보자 되시는 그리스도께서 모든 사람을 위하여 자기를 대속물로 주셨다고 이야기합니다.

> [5]하나님은 한 분이시요 또 하나님과 사람 사이에 중보자도 한 분이시니 곧 사람이신 그리스도 예수라 [6]그가 모든 사람을 위하여

> 자기를 대속물로 주셨으니 기약이 이르러 주신 증거니라
>
> 디모데전서 2:5~6

이때 우리가 생각해야 할 주제가 하나 있습니다. 나를 하나님과 단절시킨 것은 막연하고 보편적인 인류의 죄도, 남의 죄도 아닌 나의 죄입니다. 나는 길을 잃은 자였고, 외인이었고, 죽은 자였고, 영원히 죽을 자였습니다. 인류의 구원은 집합적으로 이루어지지 않습니다. 예수님이 우리를 위해 죽으셨다 하여 우리 모두가 저절로 구원받는 것이 아니라 믿는 개인이 구원받는 것입니다.

> 영접하는 자 곧 그 이름을 믿는 자들에게는 하나님의 자녀가 되는 권세를 주셨으니 요한복음 1:12

그리스도께서 자신을 내어주신 것은 '우리를 위한' 일일 뿐만 아니라 '나를 위한' 일이라는 것을 우리 각자가 믿고 고백할 때 우리 각자가 하나님의 자녀가 되고, 그런 각자가 모여 하나님의 백성이 되고, 나라가 되는 것입니다.

> 누구든지 주의 이름을 부르는 자는 구원을 받으리라 로마서 10:13

예수님은 이렇게 우리 모든 사람의 죄를 대신 속죄하는 제물이 되기 위해 십자가의 고난을 당하셨습니다. 이 얼마나 좋은 소식입니까? 이 복음의 소식 앞에 믿음으로 반응하고, 기쁨으로 예배하고, 즐거움으로 전도해야 합니다.

4. 예수 부활의 의미

예수님께서 십자가에서 죽임을 당하고 사흘째 되는 날 부활하신 이후, 그리스도 공동체는 (우리가 주일$^{\text{The Lord's Day}}$이라 일컫는) 한 주의 첫날^{sunday}에 함께 모여 예배하는 것이 전통이 되어 오늘까지 이어지고 있습니다. 그런 점에서 교회 공동체의 주일예배는 그 기원 자체가 그리스도의 부활을 기념하는 날입니다.

> 예수께서 안식 후 첫날 이른 아침에 살아나신 후 … 마가복음 16:9

> 그 주간의 첫날에 우리가 떡을 떼려 하여 모였더니 …
> 사도행전 20:7

예수 부활의 사건

바울은 원래 유대교 지도자로서 예수 부활을 믿는 그리스도인들을 죽이기까지 핍박했던 사람이었습니다.

> 내가 이 도를 박해하여 사람을 죽이기까지 하고 남녀를 결박하여 옥에 넘겼노니 사도행전 22:4

그러던 그를 부활하신 예수님께서 직접 찾아와 만나주신 이후 그에게 '보고 들은 것에 증인'이 되리라 말씀하셨습니다.

> 네가 그를 위하여 모든 사람 앞에서 네가 보고 들은 것에 증인이 되리라 사도행전 22:15

이후로 바울은 지중해 연안의 도시들에 예수를 따르는 교회 공동체를 세우며 오늘날 기독교 공동체의 초석을 놓은 사도가 되었습니다. 그렇다면 바울을 비롯한 초대교회 공동체가 세상에 증언하려고 했던 '보고 들은 것'은 무엇이었을까요? 바울은 자신이 전하는 메시지를 복음이라는 말로 표현합니다.

> 형제들아 내가 너희에게 전한 복음을 너희에게 알게 하노니 이는 너희가 받은 것이요 또 그 가운데 선 것이라 고린도전서 15:1

이 복음은 이천 년이 지난 오늘 우리에게까지 이어져 그것을 믿고 따르는 교회 공동체가 존재하게 되었습니다. 바울과 교회 공동체가 보고 들은 것을 굳이 전하려고 했던 이유는 그것을 믿는 사람에게 구원을 가져다주는 생명의 소식이었기 때문입니다.

> 너희가 만일 내가 전한 그 말을 굳게 지키고 헛되이 믿지 아니하였으면 그로 말미암아 구원을 받으리라 고린도전서 15:2

그렇다면 우리가 믿어 구원을 얻을 수 있다는 그 복음의 구체적인 내용은 무엇입니까? 그것은 예수가 그리스도로서 죽었다는 사실입니다.

> … 그리스도께서 … 죽으시고 고린도전서 15:3

사람은 당연히 죽는 법인데 한 사람이 죽었다는 것이 뭐 그리 대단한 뉴스일까요? 더군다나 인종과 민족이 다른 어떤 한 청년이 이천 년 전에 이스라엘 땅에서 죽었다는데 말입니다. 그러나 예수님의 죽음은 나이 들거나 병들어 죽는 자연적인 죽음이 아니었습니다. 예수님의 죽음은 우리의 죄를 대신하기 위한 희생적 죽음이었습니다.

> … 그리스도께서 우리 죄를 위하여 죽으시고 고린도전서 15:3

이 일은 우리를 살리시려는 하나님의 사랑 때문에 일어난 일입니다.

> ⁹하나님의 사랑이 우리에게 이렇게 나타난 바 되었으니 하나님이 자기의 독생자를 세상에 보내심은 그로 말미암아 우리를 살리려 하심이라 ¹⁰사랑은 여기 있으니 우리가 하나님을 사랑한 것이 아니요 하나님이 우리를 사랑하사 우리 죄를 속하기 위하여 화목제물로 그 아들을 보내셨음이라 요한일서 4:9~10

그런데 그 예수님은 십자가에서 우리의 죄를 대신하여 죽으셨을 뿐 아니라 다시 살아나셨습니다.

> 장사 지낸 바 되셨다가 … 사흘 만에 다시 살아나사
>
> 고린도전서 15:4

이 일은 바울이 들었던 바이고, 직접 목격한 바이며, 바울이 일생을 두고 전해왔던 주제입니다.

> 내가 받은 것을 먼저 너희에게 전하였노니 … 고린도전서 15:3

예수님의 십자가 죽음과 부활을 외치는 것이 바울에게는 거짓이나 부끄러움이 아니었습니다. 예수님의 부활은 이단 사이비 신앙인들처럼 조작된 거짓말을 집단적 세뇌로 만들어낸 교리가 아니었습니다.

예수님의 부활은 누군가가 지어낸 거짓말이 아니라 바울 자신이 직접 목격했고 바울이 고린도전서를 기록할 약 60년 어간까지도 수백 명의 목격자가 살아 있어 생생히 증언할 수 있는 "역사적 사실"이었습니다.

> [5]게바에게 보이시고 후에 열두 제자에게와 [6]그 후에 오백여 형제에게 일시에 보이셨나니 그 중에 지금까지 대다수는 살아 있고 어떤 사람은 잠들었으며 [7]그 후에 야고보에게 보이셨으며 그 후에

모든 사도에게와 ⁸맨 나중에 만삭되지 못하여 난 자 같은 내게도
보이셨느니라 고린도전서 15:5~8

더군다나 예수님의 부활 이후에 성경을 연구해 보니 예수님의 십자가 죽음과 부활은 어쩌다가 일어난 우발적 사건이 아니라 하나님께서 인간에게 자신을 나타내신 이후로 인간 역사 안에서 성경 기록을 통해 반복해서 계시하셨던 일이라는 것을 알게 되었습니다.

³… 성경대로 … 죽으시고 ⁴… 성경대로 … 다시 살아나사
고린도전서 15:3~4

예수님을 팔아넘겼던 가룟 유다의 자살 이후 열두 제자 가운데 한 자리를 대신할 사람을 선출하면서 초대교회 공동체가 결정한 사도의 자격 조건은 "우리와 함께 예수님을 따르던 사람"이었습니다. 예수에 대해 전해 들은 바를 전하는 사람이 아니라 직접 예수를 목격한 사람이어야 했기 때문입니다.

항상 우리와 함께 다니던 사람 중에 하나를 세워 … 사도행전 1:22

초대 교회 공동체가 결정한 사도의 사명은 "예수님의 부활을 증언"하는 것이었습니다.

> … 우리와 더불어 예수께서 부활하심을 증언할 사람이 되게 하여야 하리라 하거늘 사도행전 1:22

교회 공동체가 그리스도의 사도를 세운다는 것은 사람들에게 없었던 일을 조작하여 가르치고 세뇌하여 거짓의 광신도가 되게 하는 것이 아니라, 예수님을 직접 목격한 '수많은' 사람 '중에' 누군가를 세워 이 소식을 전하는 일에 전념하게 하는 것이었기 때문입니다. 그래서 다른 사도들이나 바울 역시도 '사도의 사명'은 '예수님의 부활을 증언하는 것'으로 알았던 것입니다.

> 그러므로 나나 그들이나 이같이 전파하매 … 고린도전서 15:11

그리고 예수님의 십자가와 부활에 대한 이 믿음이 세계 모든 교회를 하나로 만드는 공동체성의 본질이었습니다. 우리가 예수를 믿는다고 말할 때 우리로 하여금 '구원을 얻게 하는 믿음'의 핵심 내용은 (종교적 실천이나 노력이 아니라)

"예수님의 십자가의 대속적 죽음과 예수님의 육체적 부활"입니다.

> … 너희도 이같이 믿었느니라 고린도전서 15:11

그래서 교회 공동체는 예수님의 십자가 죽음과 부활을 증언하는 것을 사명으로 여기고 따르고 있는 것입니다.

> 사도들이 큰 권능으로 주 예수의 부활을 증언하니 …
> 사도행전 4:33

예수 부활의 의미

그렇다면 초대교회가 부활의 소식을 이렇게 중요하게 여기게 된 이유는 무엇일까요? 예수님은 십자가에 매달려 돌아가시기 훨씬 이전부터 '자신의 부활이야말로 예수님 자신이 누구인지를 제대로 알게 하고 믿게 하는 표적'이 될 것이라고 말씀하셨기 때문입니다. 예수님께서는 사흘 밤낮을 물고기 배 속에 있다가 살아났던 구약의 요나를 언급하시면서 예수님 당신께서 죽임을 당한 후 사흘 만에 살아날 것을 예언하셨습니다.

> ³⁸그 때에 서기관과 바리새인 중 몇 사람이 말하되 선생님이여 우리에게 표적 보여주시기를 원하나이다 ³⁹예수께서 대답하여 이르시되 악하고 음란한 세대가 표적을 구하나 선지자 요나의 표적 밖에는 보일 표적이 없느니라 마태복음 12:38~39

이 외에도 예수님은 더 직접적으로 자신이 고난을 겪고 죽임을 당하고 부활하실 것을 제자들에게 여러 차례 예언하셨습니다.

> 인자가 많은 고난을 받고 장로들과 대제사장들과 서기관들에게 버린 바 되어 죽임을 당하고 사흘 만에 살아나야 할 것을 비로소 그들에게 가르치시되 마가복음 8:31

> 이는 제자들을 가르치시며 또 인자가 사람들의 손에 넘겨져 죽임을 당하고 죽은 지 삼 일만에 살아나리라는 것을 말씀하셨기 때문이더라 마가복음 9:31

³³ 보라 우리가 예루살렘에 올라가노니 인자가 대제사장들과 서기관들에게 넘겨지매 그들이 죽이기로 결의하고 이방인들에게 넘겨 주겠고 ³⁴ 그들은 능욕하며 침 뱉으며 채찍질하고 죽일 것이나 그는 삼 일 만에 살아나리라 하시니라 마가복음 10:33~34

  마귀는 메시아로 오신 예수님을 죽이기만 하면 하나님의 모든 구원 계획을 허사로 만들 수 있다고 생각하여 사람들을 선동하고, 종교 지도자들의 시기심을 부추기고, 가룟 유다의 마음을 움직여 예수님을 죽였습니다. 마귀는 예수님을 죽였으니 메시아로서의 구원 행위가 더 이상 실행될 수 없을 것이라고 확신하였을 것입니다. 그러나 하나님께서는 이겼다고 여기는 마귀와 세상을 향해 부활이라는 히든카드를 꺼내셨습니다.

  예수님은 어쩌다 보니 태어나고, 어쩌다 보니 십자가에 달려 죽었는데 살았다고 거짓말로 지어낸 신화적 인물이 아니라, 구약의 예언대로 오셔서 구약의 예언대로 살다 본인의 예언대로 죽임당한 후 부활한 분이십니다. 예수님의 죽음과 부활은 철저히 의도된 하나님의 구원 계획이었습니다. 하나님께서는 구약성경의 메시아에 대한 예언을 미리 기록해 놓고,

시간이 흘러 그 예언대로 예수를 보내고, 그를 죽음에서 다시 살리심으로 예수 그리스도가 바로 구약에 예언된 메시아이며 하나님의 아들이시며 주님이심을 온 천하에 선포하셨습니다.

> 성결의 영으로는 죽은 자들 가운데서 부활하사 능력으로 하나님의 아들로 선포되셨으니 declared to be the Son of God 곧 우리 주 예수 그리스도시니라 로마서 1:4

하나님은 예수님의 부활을 통해 모든 시대, 모든 사람이 구원을 얻는 유일한 길이 예수님이심을 증언하십니다. 예수 부활이 바로 하나님의 예수 선포였습니다.

> … 이에 그를 죽은 자 가운데서 다시 살리신 것으로 모든 사람에게 믿을 만한 증거를 주셨음이니라 하니라 사도행전 17:31

우리가 아는 바와 같이 시대, 지역, 문화마다 상식 또는 지성의 수준이나 내용이 다릅니다. 그래서 지적인 깨달음은 "모든 세대, 모든 문화에 통용될 믿음의 객관적 증거"가 될 수 없습니다. 기적이나 놀라운 일을 행하는 것이 믿음의 근거가 된다면 타종교에서 일어나는 기적이나 과학의 발달로 인한 기계문명도 신앙화될 수 있지 않겠습니까?

3년 동안 예수님의 기적과 능력을 자기 눈으로 직접 목격하고, 예수님의 가르침을 자기 귀로 직접 듣고, 예수님이 주신 능력으로 자기 스스로 직접 귀신을 쫓아내고 병자를 고쳤던 제자들이라 할지라도 정작 예수님이 잡히실 때에는 모두가 도망하고 말았습니다. 예수님을 통한 말씀의 배움과 기적의 경험이 믿음에 아무런 효용성이 없었습니다. 심지어 베드로는 예수를 저주하며 부인하였습니다. 이것이 바로 기적과 지식과 개인 경험과 의지적 결심의 한계입니다!

> 그가 저주하며 맹세하여 … 마태복음 26:74

그러나 이런 제자들을 완전히 변화시킨 사건이 있었는데 그것이 바로 예수님의 부활이었습니다.

> 죽은 자 가운데서 살아나신 후에야 제자들이 이 말씀하신 것을 기억하고 성경과 예수께서 하신 말씀을 믿었더라 요한복음 2:22

그렇게 무기력하고, 비겁하던 제자들도 예수님의 부활을 목격하고 나서는 예수님께서 십자가에 달리시기 전에 하셨던 모든 말씀을 이해하고 믿을 수 있었고 목숨 걸고 전할 수 있었습니다. 제자들이 이미 알고 있었지만 믿지 못했던 것들을 믿을 수 있게 만들어 준 것은 부활 사건이었습니다. 심오한 가르침이나, 병을 고치고 남을 살리는 기적의 능력이 아니라, 스스로 죽음에서 부활한 것이야말로 예수님이 누구인지를 바로 알게 하고, 예수를 바로 믿게 하고, 그 믿음에 전 인생을 걸 수 있도록 만들어주는 영향력이 있었습니다. 우리는 부활이라는 사건을 통해서만 비로소 예수님을 바로 알고 바로 믿을 수 있는 힘을 얻게 됩니다.

하나님은 부활이라는 사건을 통해 제자들에게 예수님이 자신을 가리켜 하나님의 아들이라고 하셨던 말씀, 자신이 구원을 가져다주는 메시아라고 했던 주장이 옳았다는 것을 증언해 주십니다. 우리는 예수님이 그저 이천 년 전에 나사렛 촌 동네에서 살았던 목수, 유대교 성경 교사, 기적을 행할 수 있는 능력자일 뿐만 아니라 예수님의 부활을 통해 그가 하나님의 아들이시며, 메시아이시며, 주님이심을 알게 됩니다.

예수 부활 사건은 인간세계의 자연스러운 일이 아닙니다. 부활은 생명이 없는 곳에 생명을 부여한 사건이기 때문에 창조주만이 하실 수 있는 창조 사건입니다. 죽었던 예수에게 생명을 불어넣을 수 있는 능력을 갖춘 하나님이야말로 진짜 '창조주' 하나님입니다. 예수님의 부활은 '예수님이 믿었고, 가르쳤고, 선포했던 하나님이 진짜 하나님'이라는 것을 보여 줍니다. 부활은 '부활하신 예수가 누구인가?'를 드러내어 줄 뿐 아니라, '예수를 부활시키신 하나님이 누구인가?'를 드러내어 주는 하나님의 결정적 선포였습니다.

부활이라는 증거 앞에서 '믿을 거냐? 말 거냐?'를 결단하라

그렇다면 이천 년 전 유대 땅에서 일어난 사건이 오늘 이 땅에서 살아가는 나에게 무슨 의미가 있습니까? 이 땅에서 일어난 다른 모든 종교의 사건은 역사 속에서 일어난 인간의 사건일 뿐입니다. 세상의 모든 종교는 그 나름의 고상한 가치를 가지고 있지만 그것은 인간 세상 안에서의 상대적인 일일 뿐 절대적인 구원의 사건이 아닙니다.

그러나 예수 부활은 인간 세상의 일이나, 인간이 일으킬 수 있는 일이 아닙니다. 부활은 우주 밖의 초월자가 직접 개입한 창조주의 사건입니다. 생명이 없는 상태에서 생명을 주었으므로 창조의 사건입니다. 시간과 공간 밖에 있는 초월자가 개입한 신적 사건입니다. 그렇기 때문에 예수님의 십자가 부활은 시공간을 뛰어넘는 절대적인 의미를 가집니다.

많은 성인聖人중에 왜 예수님만이 구원자입니까? 바로 부활 때문입니다! 이러한 점에서 예수님의 부활은 하나님의 가장 분명하고 결정적인 자기 계시 사건입니다. 예수 그리스도의 십자가와 부활의 사건 밖에서는 구원이 없습니다.

> 예수께서 이르시되 내가 곧 길이요 진리요 생명이니 나로 말미암지 않고는 아버지께로 올 자가 없느니라 요한복음 14:6

> 다른 이로써는 구원을 받을 수 없나니 천하 사람 중에 구원을 받을만한 다른 이름을 우리에게 주신 일이 없음이라 …
> 사도행전 4:12

예수님이 하나님의 아들 구세주라고 '믿어지는가? 믿어지지 않는가?'를 고민하는 우리에게 감정이나 지성, 체험이나 교회의 문제점 등 예수를 믿을 수 없는 이러저러한 이유를 내미는 우리에게 하나님께서는 예수님의 부활이라는 카드를 내미시면서 '믿을 거냐? 말 거냐?'라고 질문하고 계십니다.

믿음은 결단의 문제입니다. 그리고 이 결단이 이 땅과 내세에서 우리의 영원한 생명을 결정짓습니다. 예수님의 부활은 역사적 사실입니다. 또한 당신이 믿기만 한다면 예수님의 부활은 당신의 구원을 이루려고 하나님이 제시한 유일한 길입니다.

5. 구원받는 회개의 의미

한 세대 전만 하더라도 교회에서는 죄와 회개에 대한 설교를 자주 들을 수 있었는데, 요즘은 죄를 지적하고 회개하라고 외치는 설교를 듣는 것이 쉽지 않습니다. 우리 세대가 이전 세대보다 죄를 덜 지어서 그런 것일까요?

그런데 이 질문과는 반대되는 측면의 의문도 있습니다. 우리가 뉴스를 통해 큰 재해나 재난, 비인간적인 사건 사고를 보면서 말세(末世)라는 말을 할 때가 많습니다. 물론 성경에는 세계적으로 나타나게 될 말세의 징조와 현상에 대한 가르침이 있습니다.

> [9]난리와 소요의 소문을 들을 때에 두려워하지 말라 이 일이 먼저 있어야 하되 끝은 곧 되지 아니하리라 [10]또 이르시되 민족이 민족을, 나라가 나라를 대적하여 일어나겠고 [11]곳곳에 큰 지진과 기근과 전

염병이 있겠고 또 무서운 일과 하늘로부터 큰 징조들이 있으리라

누가복음 21:9-11

동시에 말세가 되면 개인의 삶에서 나타나는 보편적인 인격의 특성들에 관해서도 이야기합니다.

^{1}너는 이것을 알라 말세에 고통하는 때가 이르러 ^{2}사람들이 자기를 사랑하며 돈을 사랑하며 자랑하며 교만하며 비방하며 부모를 거역하며 감사하지 아니하며 거룩하지 아니하며 ^{3}무정하며 원통함을 풀지 아니하며 모함하며 절제하지 못하며 사나우며 선한 것을 좋아하지 아니하며 ^{4}배신하며 조급하며 자만하며 쾌락을 사랑하기를 하나님 사랑하는 것보다 더하며 ^{5}경건의 모양은 있으나 경건의 능력은 부인하니 이같은 자들에게서 네가 돌아서라

디모데후서 3:1-5

말세에 관한 성경의 가르침과 사람들의 탄식을 보면서 갖게 되는 다른 의문은 성경이 기록하는 이런 말세적 특징들은 초대교회 시절, 구약 시대, 인류 역사 초창기에는 전혀 일어난 적이 없는 일인가? 하는 것입니다. 인류 역사의 시간이 흐르고 세상의 종말이 다가올수록 인류의 죄는 더 커지는 것일

까요? 우리는 이전 세대보다 더 악질적인 죄인일까요?

그러나 성경을 보면 당장 에덴동산 직후에도 가인은 동생을 돌로 쳐 죽이는 잔인함을 보였고, 출애굽기에도 근친상간을 금하는 계율이 많이 나오고 있다는 것은 그만큼 그런 일이 많았었다는 방증이고, 사사기를 보면 일반적인 폭력뿐만 아니라 동성에 대한 성폭력도 많고, 잔혹한 전쟁의 이야기가 넘쳐납니다.

물론 예수 재림의 진짜 종말이 우리에게 오겠지만, 일반적으로 말세라고 말할 때 그것은 언제부터 언제까지라고 구분할 수 있는 '어떤 기간'이 아니라 하나님을 떠나 살아가는 우리 인류의 삶의 양식 자체라는 것을 알게 됩니다. 우리 인류는 '존재적'으로도 죄인이고, '실천적'으로도 말세적 삶의 특징 안에서 살고 있는 죄인입니다. 개인의 악이 되었든 구조적인 악이 되었든 우리 인류는 '공동체적'으로도 죄인이고, '개인적'으로도 죄인입니다. 인간의 '존재 양식'과 '삶의 양식'이 죄입니다. 그 결과 진노 아래 놓인 존재라고 말해야 하는 상황입니다.

전에는 우리도 다 그 가운데서 우리 육체의 욕심을 따라 지내며 육체와 마음의 원하는 것을 하여 다른 이들과 같이 본질상 진노의 자녀이었더니 에베소서 2:3

  그래서 교회를 다니는 사람들은 '죄' 또는 '회개'라는 단어를 자주 사용합니다. 교회에서는 회개해야 구원받는다고 가르치며 주일 예배 시간마다 죄에 대한 고백과 회개에 대한 기도가 끊이지 않습니다. 세상은 이런 성도들을 보면서 '예수 믿는다는 사람들이 뭐 그리 회개할 죄를 많이 짓느냐?'고 묻기도 합니다. 어떤 분들은 '그렇게 죄를 많이 지으려면 예수는 왜 믿느냐?'고 조롱하기도 합니다.

  성도들마저도 도대체 언제까지, 얼마나 많은 회개를 해야 구원받을 수 있는지 궁금해하기도 합니다. 혹시나 회개 기도를 못 하고 갑자기 죽으면 구원 못 받는 것 아닌지 염려하기도 합니다. 매우 복잡하고 민감한 주제이기는 하지만 자살자는 자살한 죄를 회개 못 하고 죽었기 때문에 천국에 못 간다고 가르치기도 해 왔습니다.
  또, 전도하면서 회개해야 한다는 말을 하면 '나는 죄지은 것 없고 나같이 법 없어도 사는 사람이 구원 못 받으면 하나님이 불공평하신 거다'라고 말씀하시는 분들도 있습니다. 물론 그렇게 말씀하시는 분 중에는 누구보다도 반듯한 삶을 살아가는 분이 많다는 것도 인정합니다.

우리가 일반적으로 생각하는 죄의 개념과 성경이 말하는 죄의 개념 사이에는 비슷한 점도 있겠지만, 구원과 관계된 죄와 회개의 본질적 개념에서는 아주 큰 차이가 있다는 것을 알아야 합니다. 같은 언어를 사용하며 대화하는데 각자가 서로 다른 개념으로 이해한다면 정확한 의사소통은 불가능합니다. 그래서 상호 합의된 개념 정의가 그렇게도 중요한 것입니다. 논문을 쓰는 분들이 글을 시작하면서 논문에서 사용할 주된 용어의 개념을 미리 정의하는 이유가 이것이지요.

성부 하나님의 예수 증언(예수님이 주와 그리스도이시다)에 대한 회개는 예수 믿음입니다

하나님께서는 우리의 구원을 위해 예수님을 이 땅에 보내신 후 예수님 혼자서 십자가의 싸움을 고군분투孤軍奮鬪하도록 버려두고 구경만 하지 않으셨습니다. 십자가를 통한 구원 사역의 주체는 예수님이셨지만 하나님께서도 '큰 권능과 기사와 표적'이라는 방법을 통해 '예수님이 하나님의 아들이시며 우리를 죄에서 구속하실 구세주 그리스도이심'을 증언하셨습니다.

> 이스라엘 사람들아 이 말을 들으라 너희도 아는 바와 같이 하나님께서 나사렛 예수로 큰 권능과 기사와 표적을 너희 가운데서 베푸사 너희 앞에서 그를 증언하셨느니라 사도행전 2:22

사람들은 예수님을 통해 나타나는 하나님의 기적을 보면서 이런 일은 하나님만 하실 수 있는 일이라며 놀라워했습니다.

> 귀신이 쫓겨나고 말 못하는 사람이 말하거늘 무리가 놀랍게 여겨 이르되 이스라엘 가운데서 이런 일을 본 적이 없다 하되 마태복음 9:33

> 그가 일어나 곧 상을 가지고 모든 사람 앞에서 나가거늘 그들이 다 놀라 하나님께 영광을 돌리며 이르되 우리가 이런 일을 도무지 보지 못하였다 하더라 마가복음 2:12

그렇다면 마땅히 하나님의 예수 증언을 받아들이는 것이

하나님에 대한 올바른 반응이고 경외입니다. 그러나 사람들은 하나님의 일을 행하시는 예수님을 하나님의 아들, 그리스도, 구세주로 믿지 않고 받아들이지 않았습니다. 오히려 예수님을 시기한 종교 지도자들, 바리새인들과 서기관들은 예수님이 행하시는 하나님의 증언의 일을 마귀의 일이라고 폄훼^{貶毀}하고 모욕했습니다.

> 바리새인들은 듣고 이르되 이가 귀신의 왕 바알세불을 힘입지 않고는 귀신을 쫓아내지 못하느니라 하거늘 마태복음 12:24

> 예루살렘에서 내려온 서기관들은 그가 바알세불이 지폈다 하며 또 귀신의 왕을 힘입어 귀신을 쫓아낸다 하니 마가복음 3:22

더 나아가 종교 지도자들은 그러한 예수님을 거부할 뿐 아니라 심지어 불의한 재판 과정을 통해 신성모독의 죄인이라 규정합니다.

> 그 신성모독 하는 말을 너희가 들었도다 너희는 어떻게 생각하느냐 하니 그들이 다 예수를 사형에 해당한 자로 정죄하고
> 마가복음 14:64

그리고는 이방인 통치자였던 총독 빌라도의 손을 빌려 십자가에 못 박히게 넘겨주었습니다.

> 그가 하나님께서 정하신 뜻과 미리 아신 대로 내준 바 되었거늘 너희가 법 없는 자들의 손을 빌려 못 박아 죽였으나 사도행전 2:23

예수님은 그렇게 십자가에 못 박혀 죽임을 당했고 예수 사건은 역사적 해프닝으로 끝난 줄 알았습니다. 제자들은 뿔뿔이 흩어졌고 종교 지도자들도 예수를 처형함으로써 예수의 모든 영향력이 제거된 줄 알았습니다. 그러나 하나님에게는 예수의 죽음이 끝이 아니었습니다. 예수님이 이 땅에 계실 때 '큰 권능과 기사와 표적'을 통하여 예수님이 하나님의 아들이심을 증언하셨던 하나님께서 이제 예수님을 부활시키심으로 그분이 주와 그리스도이시라는 사실을 세상에 다시 선포하셨습니다.

> 그런즉 이스라엘 온 집은 확실히 알지니 너희가 십자가에 못 박은 이 예수를 하나님이 주와 그리스도가 되게 하셨느니라 하니라 사도행전 2:36

하나님께서는 예수 부활 사건을 통해 우리가 예수님을 주와 그리스도로 믿을 증거를 주셨습니다.

> … 그를 죽은 자 가운데서 다시 살리신 것으로 모든 사람에게 믿을 만한 증거를 주셨음이니라 … 사도행전 17:31

예수님의 성육신이 우리를 구원하시려는 하나님의 열망을 보여 주는 증거라고 한다면, 예수님의 십자가는 우리 죄의 심각성을 보여 주고, 우리를 살리시려는 하나님의 공의와 사랑을 보여 주는 증거입니다. 예수님의 부활은 예수가 우리를 죽음에서 구원하시는 하나님이요, 주님이심을 선포하는 사건입니다. 성육신, 십자가, 부활은 그 사건 자체가 우리 인류를 향한 하나님의 끊임없는 사랑의 부르심의 메시지요, 설교였습니다.

성령 하나님의 예수 증언(주와 그리스도이신 예수님을 믿지 않는 것이 죄이다)에 대한 회개는 예수 믿음입니다

큰 권능과 기사와 표적으로 성육하신 예수님을 증언하시

고, 부활을 통해 예수님이 주와 그리스도이심을 증언하신 하나님께서는 이에 그치지 않으시고, 성령님을 이 세상에 보내서 예수님을 증언하게 하십니다. 예수님께서는 성령이 오셔서 하실 일에 대하여 분명히 말씀하셨습니다.

> 그가 와서 죄에 대하여, 의에 대하여, 심판에 대하여 세상을 책망하시리라 요한복음 16:8

여기서 '책망한다'는 단어는 '유죄를 선고하다'^{convict}라는 의미가 있지만, 동시에 '깨닫게 하다' 혹은 '다시 증거하다'^{reprove}라는 의미도 있습니다. 성령께서 행하시는 일은 세상의 죄, 그리스도 안에 있는 의, 예수님을 통해 이루어질 심판을 선포하고 증언하는 것입니다. 성령이 책망하시는 일, 유죄로 선고하시는 일, 다시 증거하시는 내용은 성부 하나님과 성자 하나님이 증언하시는 바를 믿지 않는 것이 죄라는 것입니다.

> 죄에 대하여라 함은 그들이 나를 믿지 아니함이요 요한복음 16:9

예수의 그리스도이심과 주님 되심을 증언하고 믿게 하는 일이야말로 성령의 본질적인 사역입니다. 놀라운 기적을 행하는 것은 성령의 본질적 사역이 아니라 성경의 가르침을 믿게 하기 위한 부차적 사역입니다. 성령은 예수님을 믿을 이유를 제공하신 하나님의 여러 증거와 예수님의 자기 증언의 가르침과 행동들을 다시 밝혀주고 깨닫게 하심으로써 예수를 증언하고 믿게 하는 영이십니다. 예수님에 의해 이 세상으로 보냄 받은 성령이 계신다는 자체가 예수를 믿어야 할 이유가 됩니다.

제자들의 예수 증언(회개하고 주와 그리스도이신 예수님을 믿는 것이 구원의 길이다)에 대한 회개는 예수 믿음입니다

베드로는 예수님의 공생애 기간 하나님의 예수 증언을 직접 목격하였습니다. 예수님의 자기 증언을 직접 들었습니다. 예수님의 부활을 통해 예수님의 그리스도이심과 주님 되심을 재확인하였습니다. 그리고 오순절 성령강림을 통해 예수와 관계되어 죄와 의와 심판을 증언하시는 성령의 충만함을 받았습니다. 그 베드로가 성령에 사로잡혀 사람들에게 그들의 죄가 무엇인지, 구원의 길이 무엇인지를 증언합니다.

> 베드로가 열한 사도와 함께 서서 소리를 높여 이르되 유대인들과 예루살렘에 사는 모든 사람들아 이 일을 너희로 알게 할 것이니 내 말에 귀를 기울이라 사도행전 2:14

> 그런즉 이스라엘 온 집은 확실히 알지니 너희가 십자가에 못 박은 이 예수를 하나님이 주와 그리스도가 되게 하셨느니라 하니라
> 사도행전 2:36

사람들은 베드로의 설교를 통해서 역사, 감동하시는 성령의 책망으로 인해 자신들이 얼마나 큰 잘못을 저질렀는지를 깨달았습니다. 그러고는 마음의 찔림 안에서 깊은 절망의 탄식을 토해냅니다.

> 그들이 이 말을 듣고 마음에 찔려 베드로와 다른 사도들에게 물어 이르되 형제들아 우리가 어찌할꼬 what shall we do 하거늘
> 사도행전 2:37

그런데 본문의 기록을 유심히 살펴보면 베드로가 설교를 듣고 '마음에 찔려'하고 설교자들에게 찾아와 '우리가 어찌할꼬' 하며 탄식하는 사람들에게 회개하라고 촉구하는 것을 보

면 베드로는 말씀을 듣고 탄식하는 것을 회개로 여기지 않았음을 알 수 있습니다.

> ³⁷그들이 이 말을 듣고 마음에 찔려 베드로와 다른 사도들에게 물어 이르되 형제들아 우리가 어찌할고 하거늘 ³⁸베드로가 이르되 너희가 회개하여 … 사도행전 2:37~38

문자적인 의미로는 '잘못되었음을 깨닫고 돌이키는 것'이 회개입니다. 마음에 찔리고, '우리가 어떻게 하면 좋겠는가?' 하고 탄식하는 것은 회개가 아닙니다. 참된 회개는 자기 내면의 뉘우침이 아니라 하나님께 용서를 구하는 것이어야 합니다. 이 사람에게 잘못해 놓고 저 사람에게 용서를 구할 수는 없는 일 아니겠습니까?

성부 하나님의 증언을 믿지 않던 죄, 예수님의 증언을 믿지 않던 죄, 성령 하나님의 증언을 믿지 않던 죄, 목격자들과 제자들의 증언을 믿지 않던 죄, 즉 예수님을 주와 그리스도로 인정하지 않고 믿지 않던 죄는 다른 이름으로나 다른 방법으로는 씻음 받을 수가 없습니다. 우리가 용서받아야 할 죄는 예수를 하나님의 아들이요 그리스도로 믿지 않았던 죄입니다! 이 죄가 바로 우리의 가장 큰 죄, 본질적인 죄입니다. 예수가 신성모독 죄인이며, 반역 죄인이며, 그저 그런 평범한 인간인 줄 알고 믿지 않던 죄를 회개하는 방법은 예수가 하나님의 아들이며 그리스도라고 믿는 것뿐입니다. 그렇기 때문에 참된 회개(의 결과 혹은 증거)는 예수님을 주님으로 믿고 세례받는 것입니다.

> ··· 각각 예수 그리스도의 이름으로 세례를 받고 죄 사함을 받으라 사도행전 2:38

예수 이름으로 받는 세례야말로 성경이 가르치는 진짜 회개의 징표입니다. 하나님의 아들이신 그분이 나의 죄로 인하여 십자가에서 죽으심으로 나의 그리스도가 되시고, 부활을 통해 구세주가 되심을 믿고, 그 믿음을 고백하고 세례를 받음으로써 구원을 받습니다. 회개에 대한 이러한 관점은 이천 년 전, 초대교회에만 적용되는 가르침이 아니라 시대와 문화를 뛰어넘어 전 시대, 전 세대, 전 지역, 모든 사람에게 적용되어야 할 가르침입니다. 시간이 달라도, 공간이 달라도 하나님의 부르심과 증언 앞에서 회개하고 믿음으로 반응하는 사람들에게 구원이 주어집니다.

> 이 약속은 **너희**와 **너희** 자녀와 모든 먼 데 사람 곧 주 우리 하나님
> 이 얼마든지 부르시는 자들에게 하신 것이라 하고 사도행전 2:39

 예수님은 주와 그리스도로서 우리를 이 악한 세대에서 건지시려고 오신 분, 십자가를 지시고 죽임 당하셨다가 부활하신 하나님의 아들이십니다.

> 그리스도께서 하나님 곧 우리 아버지의 뜻을 따라 이 악한 세대에서 우리를 건지시려고 우리 죄를 대속하기 위하여 자기 몸을 주셨으니 갈라디아서 1:4

 이것을 믿는 회개만이 악한 자 마귀와 공중의 권세 잡은 자가 장악한 세상 질서의 악한 세대에서 건짐받는 길입니다.

> 또 여러 말로 확증하며 권하여 이르되 **너희**가 이 패역한 세대에서 구원을 받으라 하니 사도행전 2:40

 그래서 초대교회 사람들도 이 가르침을 받아 세례를 받은 것입니다.

> 그 말을 받은 사람들은 세례를 받으매 이 날에 신도의 수가 삼천이나 더하더라 사도행전 2:41

'나는 예수님은 믿지만 세례는 받고 싶지 않다'는 말은 우리 나름대로는 일리가 있고 설득력 있는 말일지 몰라도, 성경의 가르침과 역사, 문화, 전통과는 다르다는 것을 인정하실 수 있으면 좋겠습니다. 예수 믿고 세례받는 것이 회개의 증거이고, 세례가 죄 사함의 증거입니다.

'회개하고 예수 믿으라'고 선포하라

그러나 세상과 악한 세력들은 사람들이 바로 이 예수님을 올바로 알지 못하도록, 예수를 믿지 못하도록, 회개하지 못하도록, 세례받지 못하도록 지금도 일하고 있습니다. 예수님이 그리스도이시며 우리에게 풍성한 생명을 주시는 하나님의 아들이요 형상이심을 믿지 못하게 만드는 것이 마귀의 일이고 이 일을 위해 마귀는 모든 계략과 술수를 동원합니다.

> 그 중에 이 세상의 신이 믿지 아니하는 자들의 마음을 혼미하게

하여 그리스도의 영광의 복음의 광채가 비치지 못하게 함이니 그리스도는 하나님의 형상이니라 고린도후서 4:4

성경이 말하는 본질적인 죄는 하나님의 아들, 구세주, 그리스도, 주님이신 예수님을 믿지 않는 것이고, 성경이 말하는 참된 회개, 구원받는 회개는 예수님을 주와 그리스도로 믿는 것입니다. 그렇기 때문에 하나님 앞에서 범한 인류의 어떠한 큰 죄도 믿음의 회개를 통해 용서받을 수 있지만, 예수를 그리스도와 주님으로 믿지 않는다면 아무리 사소하고 작은 죄라도, 아무리 간절하고 통렬한 뉘우침이라고 하더라도 용서받을 길이 없습니다.

부활하신 예수님은 제자들의 마음을 열어 성경을 깨닫게 하시고 제자들에게 이 어둠의 세상에서 복음의 빛, 진리의 빛을 널리 전해야 한다고 말씀하셨습니다.

[47]또 그의 이름으로 죄 사함을 받게 하는 회개가 예루살렘에서 시작하여 모든 족속에게 전파될 것이 기록되었으니 [48]너희는 이 모든 일의 증인이라 누가복음 24:47~48

사도적 사명을 계승한 바울도 자신이 일생을 두고 전하려 하였던 복음과 설교의 핵심 주제가 "회개, 곧 믿음"이라고 말했습니다. "하나님께 대한 회개"와 "우리 주 예수 그리스도께 대한 믿음"은 같은 것입니다. 예수 믿는 것이 진짜 회개입니다!

> 유대인과 헬라인들에게 하나님께 대한 회개와 우리 주 예수 그리스도께 대한 믿음을 증언한 것이라 사도행전 20:21

그렇습니다. 이것이 바로 예수님께서 제자들에게 전하라고 하신 전도와 설교의 주제였습니다.

> 다른 이로써는 구원을 받을 수 없나니 천하 사람 중에 구원을 받을 만한 다른 이름을 우리에게 주신 일이 없음이라 …
> 사도행전 4:12

필자도 성부 하나님의 증언, 성자 예수님의 증언, 성령 하나님의 증언, 제자들의 증언, 사도 바울의 증언을 이어받아 여러분에게 전하고 싶습니다. 예수님을 하나님의 아들, 주, 그리스도로 믿지 않은 죄를 회개하고 예수 믿기를 바랍니다.

그러면 예수님의 십자가 죽음이 여러분의 죄를 대신한 죽음이 되어 여러분의 영원한 죄가 용서받고 구원을 받게 됩니다. 그러면 이 땅에서 사는 동안 죽음을 이기신 예수님의 새 생명이 여러분의 생명력이 되어 세상과는 다른 의와 평강과 희락의 삶을 살게 될 것입니다. 그러면 죽음을 이기신 예수님의 부활이 여러분의 부활이 되어 영원한 하나님의 나라에서 영생하게 될 것입니다.

자, 이제 누군가가 여러분에게 이렇게 질문하면 어떻게 답해야 합니까?

'회개하셨습니까?'
'예, 나는 예수 믿는 회개를 하고 세례받았습니다.'

'죄사함 받으셨습니까?'
'예, 나는 예수 믿는 회개를 하고 세례받았습니다.'

'이 패역한 세대에서 구원 받으셨습니까?'
'예, 나는 예수 믿는 회개를 하고 세례받았습니다.'

이것이 우리의 확신 있는 고백이어야 합니다.

누군가가 구원받고 싶다, 죄 용서받고 싶다, 회개하고 싶다고 말하면 어떻게 안내해야 합니까? 예수님을 구세주로 믿는 것이 회개이고, 예수님의 이름으로 세례를 받고 죄 사함을 받으면 구원받는다고 가르쳐야 합니다.

예수 안 믿었던 죄를 회개하는 것이 목욕이라면, 예수 믿고 범하는 죄악들을 회개하는 것은 손을 씻는 일과 같습니다. 하나님 앞에서의 이런 회개는 매번, 매 순간 반복되어야 합니다. 그러나 아무리 손을 씻어도 더러운 몸을 씻지 않으면 구원받을 수 없다는 것을 기억해야 합니다. '예수 믿는 회개' 이후 '새 삶을 다짐하고 도움을 구하는 회개'의 삶도 이어가기를 바랍니다.

6. 예수 주 되심의 의미

그리스도 복음 안에서 성령의 역사로 예수 공동체가 시작된 이후 시간이 흐르면서 교회 공동체 안에서도 신학적, 윤리적, 사회적, 정치적인 문제들이 발생하였습니다. 그러한 문제를 다루기 위해 교회의 권위 있는 지도자들이 썼던 1세기의 편지글들이 오늘날의 신약성경입니다. 안타까운 것은 그 이후에도 예수 교회 공동체가 내부적 필요로 만들어낸 제도와 전통들이 약 1500년이라는 시간의 흐름 속에서 성경으로부터 점점 멀어져갔다는 점입니다. 중세 말기의 누군가가 성경으로부터 '오직 예수를 믿음으로만 구원을 얻을 수 있다'以信得義는 가르침을 재발견하게 되었을 때 오늘날로 보자면 이 가르침은 너무나 당연한 것인데 그 시대에는 이것을 외치는 사람들을 처벌할 만큼 거부당하고 배척받는 주장으로 여겨졌습니다.

> 그러므로 사람이 의롭다 하심을 얻는 것은 율법의 행위에 있지 않고 믿음으로 되는 줄 우리가 인정하노라 로마서 3:28

그런데 믿음의 선배들이 '예수를 믿음으로만 구원을 얻게 된다'는 성경의 진리를 앞세워 목숨을 걸고 종교개혁을 실행한 이후 그 전통을 이어받아 또다시 오백여 년이 흐른 지금 이 시점의 기독교회 공동체를 바라보면서 다른 질문 하나를 품게 됩니다. 그럼 '어떤 예수를 믿어야 하는가?' 다시 말해 '예수를 어떤 분으로 믿어야 구원을 얻는가?' 하는 것입니다.

예수와의 관계성이 없는 예수 믿음으로는 구원받을 수 없습니다

만약 누군가가 예수의 존재를 역사적 사실로 인정한다고 해서 우리는 그것을 성경이 말하는 '구원 얻는 신앙'이라고 말하지는 않습니다. 존재하는 사람을 존재한다고 인정하는 것만으로 하나님과 깨어진 관계가 회복되는 구원 얻는 신앙이라고 볼 수는 없습니다. 그래서 예수를 믿어야 구원받는다고 말할 때 예수의 무엇을 믿고, 어떤 예수를 믿느냐가 중요합니다.

성경을 보면 귀신들도 하나님의 존재와 능력을 믿을 뿐 아니라 하나님을 두려워 떤다고 말합니다.

> 네가 하나님은 한 분이신 줄을 믿느냐 잘하는도다 귀신들도 믿고 떠느니라 야고보서 2:19

복음서 기록을 보면 귀신들도 예수님이 하나님의 아들이요 그리스도이심을 분명히 알았다고 기록합니다.

> 나사렛 예수여 우리가 당신과 무슨 상관이 있나이까 우리를 멸하러 왔나이까 나는 당신이 누구인 줄 아노니 하나님의 거룩한 자니이다 마가복음 1:24

오늘날 신앙에 관한 우리의 보편적인 개념으로만 보자면 하나님이 한 분뿐이신 줄 믿고 경외하는 것이 얼마나 좋은 믿음입니까? 그렇다면 예수님이 하나님의 아들이요 그리스도라는 것을 아는 귀신들도 구원받을 수 있을까요? 귀신들이 예수님을 하나님의 아들이요 그리스도이심을 안다고 해서 구원받을 수는 없습니다. 왜냐하면 귀신들이 예수님을 알고 있다는 것이 하나님과의 회복된 관계성으로 이어지지 않기 때문입니다.

예수님은 당신을 주님이라고 부르는 것만으로는 천국에 들어갈 수 없고 구원받을 수 없다고 말씀하셨습니다.

> 나더러 주여 주여 하는 자마다 다 천국에 들어갈 것이 아니요 다만 하늘에 계신 내 아버지의 뜻대로 행하는 자라야 들어가리라
> 마태복음 7:21

천국에 들어가는 믿음은 역사적 존재에 대한 인정이나, 예수님을 주님이라고 부르는 '호칭'에 있는 것이 아니라 '예수님을 믿는 믿음에 근거한 순종의 관계'와 결부되어 있기 때문입니다.

예수님을 주님으로 부르는 호칭과 주님으로 믿는 신앙은 다릅니다

예수님께서 공생애를 시작하여 성경을 가르치기 시작하시면서부터 사람들은 예수님을 "주님"이라는 호칭으로 불렀습

니다. 예수님의 말씀에 근거해 보면 당시에는 '주'라는 호칭과 '선생'이라는 호칭이 상호 교차적으로 사용되었다는 것을 알 수 있습니다.

> 너희가 나를 선생이라 또는 주라 하니 너희 말이 옳도다 내가 그러하다 요한복음 13:13

우리나라 사람들의 사회관계 안에서 상대방이 반드시 교사라는 직업을 가진 것도 아닌데 상대를 높여 부를 때 '선생님'이라고 호칭을 사용하는 것을 보면 이러한 성경시대 문화가 이해하기 쉬워집니다.

시간이 흐르면서 베드로를 비롯한 제자들은 예수님을 따르는 동안 그분에 대한 이해가 점점 깊어졌습니다. 그래서 훗날 베드로는 가이사랴 빌립보에서 역사적인 익투스 신앙을 고백하게 됩니다.

> 시몬 베드로가 대답하여 이르되 주는 그리스도시요 살아 계신 하나님의 아들이시니이다 마태복음 16:16

그런데 베드로의 고백을 한글 번역으로 보자면 예수님을 '주'라고 부르는 것은 문장의 주어로 '당신은'이라는 말의 높임 표현, 일종의 호칭일 뿐입니다. (σὺ εἶ ὁ χριστὸς ὁ υἱὸς τοῦ θεοῦ τοῦ ζῶντος)

그런데 예수님의 부활 이후 제자들이 예수님을 주님이라고 부를 때는 이전과는 완전히 다른 차원의 의미였습니다. 예수 부활을 목격한 자리에서 의심 많던 도마는 예수님을 "나의 주님, 곧 나의 하나님"이라고 불렀습니다.

> [27]도마에게 이르시되 네 손가락을 이리 내밀어 내 손을 보고 네 손을 내밀어 내 옆구리에 넣어 보라 그리하여 믿음 없는 자가 되지 말고 믿는 자가 되라 [28]도마가 대답하여 이르되 나의 주님이시요 나의 하나님이시니이다 요한복음 20:27-28

도마의 이 고백은 "지금 내 눈앞에 살아계신 당신은 내가 따르고 믿던, 십자가에 죽었던 바로 그 예수님이시며 당신은 하나님의 아들, 곧 하나님이십니다"라는 의미로써 '주님'과 '하나님'을 같은 의미로 사용하고 있는 것입니다. 예수 십자가 이전에 제자들이 예수님을 '주님'이라고 부르는 것은 '선생님'이라는 의미였지만 예수 부활 이후에 제자들이 예수님을 '주님'이라고 부르는 것은 '하나님'이라는 의미였습니다.

예수 부활을 목격한 도마뿐만 아니라 성령강림 사건 이후의 제자들은 예수님의 주님 되심을 더 분명하게 부각해 선포하기 시작했습니다.

> 그런즉 이스라엘 온 집은 확실히 알지니 너희가 십자가에 못 박은 이 예수를 하나님이 주와 그리스도가 되게 하셨느니라 …
>
> 사도행전 2:36

공동 번역에서는 이 구절을 "여러분이 십자가에 못 박아 죽인 이 예수를 하느님께서는 우리의 주님이 되게 하셨고 그리스도가 되게 하셨습니다"라고 번역하여 예수님의 주님 되심과 그리스도이심을 각각 강조하고 있습니다. 필자는 이렇게 강조해서 번역하는 것이 예수님의 주님 되심과 그리스도 되심에 대한 우리의 피상적 이해와 단어 사용을 극복하는 방법이라고 생각합니다.

예수님의 주님 되심에 대하여 베드로는 '생명의 주'라는 표현을 사용합니다.

> ¹⁴너희가 거룩하고 의로운 이를 거부하고 도리어 살인한 사람을 놓아 주기를 구하여 ¹⁵생명의 주를 죽였도다 그러나 하나님이 죽은 자 가운데서 그를 살리셨으니 우리가 이 일에 증인이라 사도행전 3:14~15

그들이 죽인 예수님을 높여 부르는 호칭으로써의 '주님'이 아니라 그분의 정체가, 지위가 생명의 주님이십니다. 그래서 자신도 부활하셨고, 우리도 죽이고 살리실 수 있는 분이십니다.

사도들이 이렇게 예수님을 주님이라고 확신 있게 설교하게 된 이유는 무엇입니까? 그것은 십자가와 부활, 성령강림 사건을 통해 자기들이 알고 있었던 예수님이 단순한 랍비(선생님)를 넘어 하나님의 아들, 곧 하나님, 주권자, 통치자이심을 깨달았기 때문입니다.

> ⁹이러므로 하나님이 그를 지극히 높여 모든 이름 위에 뛰어난 이름을 주사 ¹⁰하늘에 있는 자들과 땅에 있는 자들과 땅 아래에 있는 자들로 모든 무릎을 예수의 이름에 꿇게 하시고 ¹¹모든 입으로 예수 그리스도를 주라 시인하여 하나님 아버지께 영광을 돌리게 하셨느니라 빌립보서 2:9~11

바울은 에베소서에서 예수님은 존중의 의미를 담아 부르는 호칭으로써의 '주님/선생님'이 아니라 십자가와 부활을 통해 하나님이 세상의 통치자로 세우신 '주인/주님'이 되셨음을 강조합니다.

> [20]그의 능력이 그리스도 안에서 역사하사 죽은 자들 가운데서 다시 살리시고 하늘에서 자기의 오른편에 앉히사 [21]모든 통치와 권세와 능력과 주권과 이 세상뿐 아니라 오는 세상에 일컫는 모든 이름 위에 뛰어나게 하시고 [22]또 만물을 그의 발 아래에 복종하게 하시고 그를 만물 위에 교회의 머리로 삼으셨느니라
>
> 에베소서 1:20~22

성경에 근거하면 '구원 얻는 믿음'이란 예수라는 역사적 인물의 존재를 인정하는 믿음 정도가 아니라, 그 예수가 나의 죄 때문에 죽으시고 부활하신 나의 창조자요, 통치자요, 하나님으로 믿는 것입니다.

> 네가 만일 네 입으로 예수를 주로 시인하며 또 하나님께서 그를 죽은 자 가운데서 살리신 것을 네 마음에 믿으면 구원을 받으리라
>
> 로마서 10:9

그것이 바로 하나님께서 의도하신 그대로의 믿음입니다. 우리는 '예수님의 부활을 믿습니다'에서 그치지 말고 '부활하신 예수님이 나의 주님, 나의 하나님이십니다'로 믿어야 합니다.

> [7] 우리 중에 누구든지 자기를 위하여 사는 자가 없고 자기를 위하여 죽는 자도 없도다 [8] 우리가 살아도 주를 위하여 살고 죽어도 주를 위하여 죽나니 그러므로 사나 죽으나 우리가 주의 것이로다 [9] 이를 위하여 그리스도께서 죽었다가 다시 살아나셨으니 곧 죽은 자와 산 자의 주가 되려 하심이라 로마서 14:7-9

우리는 예수님에 대한 존중에서 나오는 호칭으로써의 '주님/선생님'이 아니라 범우주적인 차원에서 그분의 지위에 대한 고백으로써 주권자/통치자/하나님이시라는 의미에서 예수님을 주님으로 불러야 합니다. 우리가 예수님을 선생님으로 고백한다면 우리는 우리 자신이 자기 삶의 주인으로서 그 말씀에 대해 삶의 길잡이 정도로 배울지 말지를 결정할 수 있지만, 만약 우리가 예수님을 하나님으로 고백한다면 우리는 하나님이 우리 삶의 주권자이시기에 그 말씀에 대해 우리 삶을 건 복종이 필요하다는 것입니다.

생명과 심판의 주인이신 하나님의 아들
예수 그리스도를 믿으라

이 관점에서 복음서가 기록하는 예수님의 가르침으로 다시 돌아가 보면 예수님께서는 이미 처음부터 자신이 주권자 되심을 알려 주셨음을 알 수 있습니다. 예수님은 이 땅에 오실 때부터 구세주^{savior}이자 주님$^{the\ Lord}$이셨습니다.

> 오늘 다윗의 동네에 너희를 위하여 구주가 나셨으니 곧 그리스도 주시니라 누가복음 2:11

'구세주'와 '주님'이 같은 뜻을 가진 것이 아니라, '주님이신 하나님'이 너희의 '구세주'로 오셨다는 뜻입니다.

예수님의 제자 요한은 예수님을 '창조의 주인'이시며, '생명의 주인'이라고 증언했습니다.

> ^{2}그가 태초에 하나님과 함께 계셨고 ^{3}만물이 그로 말미암아 지은 바 되었으니 지은 것이 하나도 그가 없이는 된 것이 없느니라 ^{4}그 안에 생명이 있었으니 이 생명은 사람들의 빛이라 요한복음 1:2~4

예수님은 모든 만물의 존재 근원이신 주님, 곧 생명의 근원인 하나님이십니다. 예수님은 하나님으로부터 사람을 죽이고 살릴 수 있는 권세를 부여받은 '생명의 주권자', '생명의 주인'이십니다.

> 아버지께서 죽은 자들을 일으켜 살리심 같이 아들도 자기가 원하는 자들을 살리느니라 요한복음 5:21

예수님은 모든 피조물에 대해 죽이고 살리는 절대 권한을 가진 주권자 하나님이십니다. 또한, 예수님은 하나님으로부터 심판의 권세를 위임받으셔서 사람들을 살리고 죽이는 권세를 가진 '심판의 주인'이십니다.

> 아버지께서 아무도 심판하지 아니하시고 심판을 다 아들에게 맡기셨으니 요한복음 5:22

우리는 예수님을 '생명과 심판의 주인'으로 믿어야 합니다.

심판의 주인이신 예수님의 심판을 면하고 생명을 얻을 수 있는 길은 생명의 주인이신 예수를 믿는 것 외에는 없습니다.

> 내가 진실로 진실로 너희에게 이르노니 내 말을 듣고 또 나 보내신 이를 믿는 자는 영생을 얻었고 심판에 이르지 아니하나니 사망에서 생명으로 옮겼느니라 요한복음 5:24

예수님을 주님으로 믿어야 할 이유

인간의 원죄는 무엇입니까? 아담과 하와의 타락 핵심은 무엇입니까? 그것은 '누구를 주인 삼고, 누구를 신뢰하며, 누구의 말을 들으며 살 것인가?'의 문제, 즉 주권, 통치권, 주재권$^{主宰權, lordship}$의 문제입니다. 하나님은 아담과 하와에게 선악을 알게 하는 나무의 열매를 먹지 말라고, 먹으면 죽는다$^{You\ will\ surely\ die}$고 분명히 말씀하셨습니다.

> 선악을 알게 하는 나무의 열매는 먹지 말라 네가 먹는 날에는 반드시 죽으리라 하시니라 창세기 2:17

그런데 마귀는 아담과 하와에게 먹어도 죽지 않는다$^{You\ will\ not\ surely\ die}$고, 오히려 하나님처럼 될 것이라고 속였습니다.

> ⁴뱀이 여자에게 이르되 너희가 결코 죽지 아니하리라 ⁵너희가 그
> 것을 먹는 날에는 너희 눈이 밝아져 하나님과 같이 되어 선악을 알
> 줄 하나님이 아심이니라 창세기 3:4-5

이 상반된 내용 앞에서 인간은 자발적으로 마귀의 말을 따름으로써 하나님이 창조 때에 주셨던 세상 통치권을 마귀에게 넘겨주고 말았습니다.

> 이르되 이 모든 권위와 그 영광을 내가 네게 주리라 이것은 내게
> 넘겨준 것이므로 내가 원하는 자에게 주노라 누가복음 4:6

이렇게 뒤틀어진 상황을 벗어나는 길은 생명을 탈취해 가는 잘못된 계약을 파기하고, 생명을 얻을 수 있는 새로운 계약을 맺고 그 계약 안에서 살아가는 것입니다. 세상과 인간 존재의 창조주요 주인이신 하나님의 말씀을 따르지 않다가 죽음에 이르렀으니 이제 인류가 생명으로 돌아가는 길은 세상과 인간 존재의 창조주요 주인이신 하나님의 말씀을 따르는 것밖에 없습니다. 참된 회개는 우리 인생의 주인/통치권자/주권자를 바꾸는 것입니다. 우리의 마음 중심에 예수님을 주인으로 모시는 것만이 구원의 길입니다. 이것이 구원 얻는

회개이고, 구원 얻은 자의 거듭남이고, 예수님의 주님 되심의 의미입니다.

사람들은 예수님을 주님으로 모셔야 한다고 하면 대부분 착취하는 주인을 먼저 떠올립니다. 인류 역사의 경험 속에서 우리가 '주인', '주권자', '통치자'에 대해 좋은 기억을 가지고 있지 못하기 때문입니다. 그래서 믿음 생활을 열심히 하면 내 시간, 내 돈, 내 인생을 빼앗기고 착취만 당할 것이라고 생각합니다. 이처럼 세상은 악한 계략으로 사람들의 부요함과 행복을 빼앗아 가지만 예수님은 우리에게 자유와 생명과 풍성함을 주는 분이심을 분명히 말씀하셨습니다.

> 도둑이 오는 것은 도둑질하고 죽이고 멸망시키려는 것뿐이요 내가 온 것은 양으로 생명을 얻게 하고 더 풍성히 얻게 하려는 것이라
> 요한복음 10:10

예수님을 절대 주권자 하나님으로 모시고 그 뜻을 따라 종으로 살라

우리는 세상 모든 것을 자신의 기준으로 평가하며 살아가는 것을 문제 삼지 않는 시대를 살고 있습니다. 다시 말해 모두 자기 자신이 이 세상의 주인인 것처럼 살아갑니다. 예수를 믿음으로 일어나는 변화의 본질은 '누구를 주인 삼고 누구의 말을 듣고 살 것인가?'가 변한 것입니다. 이것이 변하지 않으면 예수님을 올바로 믿는 것이 아닙니다!

십자가 죽음과 부활을 통해 만물의 머리가 되신 예수님만이 '나와 온 우주의 주님'이십니다. 이제는 내 생각이 아니라 하나님의 말씀을 따라, 예수님의 모범을 따라, 성령의 인도하심을 따라 살아가는 것이 거듭남이고, 새 피조물이 되는 것이고, 새사람이 되는 것입니다.

우리는 예수님을 어떻게 믿고 있습니까? 우리가 부르는 '주님'이라는 호칭은 어떤 의미입니까? 무의미한 호칭으로의 '주님'입니까? 그분의 주권에 대한 고백으로의 '주님'입니까?

종교적 열심이 아니라 예수님을 주인 삼은 가치관, 세계관, 삶의 방식, 태도가 구원받은 사람의 특징입니다.

예수님은 주님이십니다!

7. 예수 공동체의 의미

이 세상의 모든 것에는 존재 그 자체의 절대적 가치 외에도 누군가로부터 부여받는 상대적 가치가 있습니다. 내게는 무의미해서 '별 볼 일 없는' 사람, '그까짓' 사물, '그따위' 일이라 여겨 거들떠보지도 않는데, 누군가는 거기에 큰 의미를 부여해서 엄청 귀하게 여기며 자기 인생을 거는 일이 있을 수 있다는 점에서 '상대적 가치'는 각자의 주관에 달린 일이기도 합니다. 신문방송에 연일 오르내리는 누군가에 대하여 세상 모든 사람이 행동의 정당성이나 도덕성으로 볼 때 '그런 사람은 처벌받아야 해'라고 말하며 손가락질하고 욕을 한다고 해도 누군가는 남들처럼 그 사람을 욕할 수 없는 사랑하는 아들/딸, 아버지/어머니, 남편/아내일 수 있습니다. 금이나 화폐처럼 객관적인 가치도 존재하지만, 가치 평가나 가치 부여는 객관성과 보편성 혹은 사회적 합의에만 달린 것이 아니고 사람마다, 관계성에 따라, 관점에 따라 다를 수 있습니다.

교회는 예수님을 하나님의 아들, 그리스도, 주님으로 믿는 사람들의 공동체입니다

오순절 성령강림 사건에 연이어 베드로는 사람들에게 예수를 십자가에 못 박히게 내어준 일이 얼마나 큰 죄인가를 지적하는 설교를 했습니다.

> 그런즉 이스라엘 온 집은 확실히 알지니 너희가 십자가에 못 박은 이 예수를 하나님이 주와 그리스도가 되게 하셨느니라 하니라
>
> 사도행전 2:36

그들이 죽인 예수는 나사렛 출신 이단 괴수魁首가 아니라 하나님의 아들, 그리스도, 주님이었습니다. 돌이킬 수 없는 큰 잘못을 저질러 버린 것을 깨달은 사람들은 제자들 앞에서 어찌하면 좋겠느냐며 탄식했습니다.

> 그들이 이 말을 듣고 마음에 찔려 베드로와 다른 사도들에게 물

어 이르되 형제들아 우리가 어찌할고 하거늘 　사도행전 2:37

베드로는 탄식하는 사람들에게 '그들이 죽인 예수가 하나님의 아들, 그리스도, 주님이신 것을 인정'하고 '예수의 이름으로 세례를 받는 회개'를 통해 죄사함 받고 성령의 선물을 받도록 촉구하였습니다.

… 너희가 회개하여 각각 예수 그리스도의 이름으로 세례를 받고
죄 사함을 받으라 그리하면 성령의 선물을 받으리니 　사도행전 2:38

베드로의 설교를 통해 사람들은 성부 하나님의 예수 증언을 거부하고, 성자 예수님의 자기 증언을 거부하고, 성령 하나님의 예수 증언을 거부하며 예수를 십자가에 못 박았던 죄를 인정하였습니다. 그리고 구세주, 그리스도, 예수님의 이름으로 세례를 받는 믿음의 고백을 통해 예수님을 하나님의 아들, 그리스도, 주님으로 믿는 무리가 형성되었습니다.

그 말을 받은 사람들은 세례를 받으매 이 날에 신도의 수가 삼천
이나 더하더라 　사도행전 2:41

성경은 이렇게 모인 무리를 일컬어 교회라고 부릅니다.

온 교회 … 사도행전 5:11

이스라엘 백성과 마찬가지로 우리 역시 예수님을 통해서만 참되신 하나님을 알 수 있습니다. 성경이 기록하는 예수 이야기를 통해 우리는 하나님을 거부하고 자기가 하나님 되기를 원하였던 인간의 죄도 알게 되고, 우리를 복되게 하시려고 주신 하나님의 말씀을 거역하고 우리의 것을 도적질하여 우리를 망하게 하는 마귀의 말을 따르는 인류의 어리석음도 깨우치게 됩니다.

아담 사건 이후로 인류 역사의 전개 목적이 인류 구원을 위한 하나님의 일하심의 과정이라는 것도 알게 되고, 예수 십자가 사건이 우발적 사건이 아니라 인류 구원을 위한 하나님의 계획하심이었다는 것도 알게 되고, 예수 부활의 사건이 단순한 기적이 아니라 (우리에게 영원한 생명을 주시기 위해 죽음의 권세를 이기신) 인류 구원을 구속사적 사건, 인류사에 두 번 다시 없을 종말적 사건, 대대로 기억되어야 할 역사적 사건이라는 것도 알게 됩니다. 예수님의 십자가 죽음와 부활,

승천을 통해 예수님이 하나님의 아들이시며, 우리를 구원하시는 그리스도이시며, 세상 만물의 주님이심을 알게 됩니다. 이것을 믿는 사람들이 교회입니다.

성경은 앞으로 오는 모든 시대와 문화 속에서 이 믿음을 가진 사람들을 교회라고 부르게 될 것입니다.

> [4]몸이 하나요 성령도 한 분이시니 이와 같이 너희가 부르심의 한 소망 안에서 부르심을 받았느니라 [5]주도 한 분이시요 믿음도 하나요 세례도 하나요 [6]하나님도 한 분이시니 곧 만유의 아버지시라 …
> 에베소서 4:4~6

교회는 예수님을 하나님의 아들, 그리스도, 주님이심을 전파하는 공동체이어야 합니다

하나님께서 우리에게 주신 사명이 무엇인지 알고 계십니까? 물론 어떤 직업을 가지고 어떤 직책에서 무슨 일을 하며 살든 인간으로서의 기본적인 삶의 모습은 큰 차이가 없듯이 각자의 은사와 사명이 무엇이든 예수 믿는 성도로서의 기본적인 삶 역시 별반 다르지 않습니다. 위의 질문은 하나님이 내게 주신 은사가 무엇이며, 하나님께서 내가 집중해서 섬기기를 바라시는 일은 무엇인가를 알고 있는지 입니다. 그것이 알고 싶어 기도한다고 해서 이것이라고 대답하시는 경우는 많지 않습니다.

하나님께서는 우리가 자신의 삶에 주어진 사명이 무엇인지를 알 수 있는 길을 알려주셨습니다. 하나님을 만났다고 여기시는 그때의 상황과 방법을 생각해 보십시오. 기도 중에 만나주셨습니까? 기도와 관련된 일에 여러분의 은사와 사명이 있을 것입니다. 말씀 중에 만나주셨습니까? 말씀과 관련된 일에 여러분의 은사와 사명이 있을 것입니다. 찬양 중에 만나주셨습니까? 찬양과 관련된 일에 여러분의 은사와 사명이 있을 것입니다. 누군가의 섬김이나 전도 중에 만나주셨습니까? 섬김에 여러분의 은사와 사명이 있을 것입니다. 그리고 그것들과 관련된 일에서 더 많은 열매가 나타날 것입니다.

필자는 성경 읽다가 하나님을 만났고, 소명을 깨달았습니다. 그래서 자타가 인정하는 나의 은사는 말씀이고, 말씀 전하는 일이 사명이며, 이 일에서 가장 많은 은사가 나타납니다. 기억합시다. 하나님께서 여러분을 만나주신 상황과 방법 안에 여러분의 은사와 사명이 있을 것입니다.

교회도 그러합니다. 우리는 하나님의 아들이신 예수님이 구세주, 그리스도이시며 주님이심을 믿음으로 예수 공동체가 되었습니다. 그리고 바로 이 정체성에서부터 교회의 사명이 전도라는 것이 분명히 드러납니다.

> 고린도에 있는 하나님의 교회 곧 그리스도 예수 안에서 거룩하여 지고 성도라 부르심을 받은 자들과 또 각처에서 우리의 주 곧 그들과 우리의 주 되신 예수 그리스도의 이름을 부르는 모든 자들에게
> 고린도전서 1:2

부활하신 예수님께서는 제자들에게 온 천하를 다니면서라도 예수 복음을 전파하라고 말씀하셨습니다.

> … 너희는 온 천하에 다니며 만민에게 복음을 전파하라
> 마가복음 16:15

이 내용이 마태복음에서는 모든 민족을 제자로 삼아, 성부

성자 성령의 이름으로 세례를 베풀고, 예수님의 말씀을 가르쳐 지키게 하라는 예수님의 지상명령으로 더 분명하게 기록되어 있습니다.

> [19]그러므로 너희는 가서 모든 민족을 제자로 삼아 아버지와 아들과 성령의 이름으로 세례를 베풀고 [20]내가 너희에게 분부한 모든 것을 가르쳐 지키게 하라 볼지어다 내가 세상 끝날까지 너희와 항상 함께 있으리라 하시니라 마태복음 28:19~20

성도들의 은사와 사명과 관계없이 모든 성도에게 복음 전도를 명령하신 것입니다. 왜 그러셨을까요? 복음 전도는 은사 받은 사람들의 사명이 아니라, 예수 믿는 모든 성도의 사명이기 때문입니다. 그래서 초대교회 성도들 가운데 이름이 기록되지도 않은 성도들, 그 은사와 사명이 복음 전도라고 기록되지도 않은 성도들조차도 그리스도 신앙 때문에 핍박을 받아 도망을 다녀야 할 상황에서도 복음을 전했습니다.

> 그 흩어진 사람들이 두루 다니며 복음의 말씀을 전할새 사도행전 8:4

이 명령에 근거해 초대교회 공동체는 복음 전도를 사명으로 알고 이 일에 충성했는데 그들이 전파했던 전도의 주제는 분명하고 간결했습니다. 그것은 "예수는 그리스도이시다!"라는 주제였습니다.

> 그들이 날마다 성전에 있든지 집에 있든지 예수는 그리스도라고 가르치기와 전도하기를 그치지 아니하니라 사도행전 5:42

교회가 예수 믿는 공동체라는 정체성에서 교회의 사명이 나옵니다. '예수 믿는 공동체'가 교회의 정체성이라고 한다면 '예수 전하는 공동체'는 교회의 사명입니다. 교회는 예수 믿는 공동체인 동시에 예수 전하는 공동체입니다.

교회는 하나님의 아들, 그리스도, 주님이신 예수님께서 자기 목숨과 맞바꾸신 공동체입니다

우리는 내가 경험한 교회의 조직문화 혹은 성도 개인에 대한 기억을 통해 교회 공동체에 대한 주관적 평가를 내리는 일에 익숙합니다. 그런데 교회 공동체에 대한 하나님 편에서의 주관적 가치평가는 어떠한지 생각해 보셨습니까?

성경이 말하는 것처럼 교회 공동체를 구상하고 세우신 분은 예수님이십니다.

> 또 내가 네게 이르노니 너는 베드로라 내가 이 반석 위에 내 교회를 세우리니 음부의 권세가 이기지 못하리라 마태복음 16:18

예수님은 이 교회를 세우시기 위해 십자가에서 죽임당하셨는데 성경은 이때 예수님이 십자가 위에서 흘리신 피를 하나님께서 흘리신 피라고 말합니다.

> … 하나님이 자기 피로 사신 교회 … 사도행전 20:28

누군가에는 사람 구실 못한다고 여겨지는 사람이지만 누군가에게 자기 목숨으로라도 맞바꿀 귀한 자식이고, 내게는 별 볼 일 없고 매력 없는 사람이 누군가에게는 자기 인생을 걸고 사랑하는 사람인 것처럼 우리가 볼 때 문제투성이고 말도 많고 탈도 많은, 한심스러워 보이는, 심지어 부끄럽기까지 한, 그럼에도 개선의 길이 보이지 않는 교회 공동체를 세우기 위해 하나님은 자기 피를 값으로 내어주셨습니다. 다르게 표현하면 하나님은 교회를 자식 삼으셨습니다.

그래서 하나님께서는 자기 피로 사신 교회와 하나님 자신을 동일시하십니다. 그래서 예수님께서는 교회 공동체를 핍박하고 파괴하려던 회심 이전의 바울에게 '교회를 핍박하는 것은 예수님 자신을 핍박하는 것'이라고 말씀하셨습니다.

> 사울이 교회를 잔멸할새 $^{destroy\ the\ church}$ 각 집에 들어가 남녀를 끌어다가 옥에 넘기니라 사도행전 8:3

> … 사울아 사울아 네가 어찌하여 나를 박해하느냐 하시거늘 사도행전 9:4

사도 요한은 환상 가운데 오른손에 일곱 별을 붙잡고 일곱 금 촛대 사이를 다니시는 예수님을 보았습니다.

> 에베소교회의 사자에게 편지하라 오른손에 있는 일곱 별을 붙잡고 일곱 금 촛대 사이를 거니시는 이가 이르시되 요한계시록 2:1

성령께서는 요한이 환상 가운데 보았던 별과 촛대가 교회의 사역자들과 교회를 의미한다고 알려주셨습니다.

> 네가 본 것은 내 오른손의 일곱 별의 비밀과 또 일곱 금 촛대라 일곱 별은 일곱교회의 사자요 일곱 촛대는 일곱 교회니라
>
> 요한계시록 1:20

우리가 교회 공동체에 실망하고 교회 공동체의 질서와 리더십을 무시하고 교회 공동체를 등지고 떠난다고 할지라도 세상에서는 '교회가 다 없어져도 된다'고 심지어 '반드시 없어져야 한다'고 말하는 사람들이 있다고 하더라도 하나님은 절대로 교회를 포기하지 않으시고 어떻게든 교회를 세워 가시려고 또 다른 대가를 지불하실 것입니다.

교회는 그 수준과 상황에 관계없이 그 존재 자체로 하나님의 특별한 돌봄과 사랑을 받는 공동체입니다. 예수님은 지금도 교회를 눈동자처럼 지키시고, 살피시고, 붙들고 계십니다. 자기 피로 대가를 지불하셨기 때문입니다.

교회는 받은 은혜에 근거하여 연약한 서로를 품어주는 공동체이어야 합니다

어떤 교회가 좋지 않은 교회입니까? 예수를 믿는다고 하지만 여전히 자기가 주인인 사람들끼리 모여 저마다 주인 목소리를 내며 자기 고집과 자기 주장을 하는 사람들의 다툼과 싸움이 있는 교회일 것입니다.

반면, 우리는 어떤 교회를 두고 좋은 교회라고 말합니까? 자기가 자신의 신이 되고 하나님이 되어 자기를 주장하고 고집하며 자기 위의 모든 권위를 부정하는 것을 죄라고 인정하기 때문에 예수님을 주인 삼고 말씀과 성령 안에서 하나님의 뜻을 구하며 순종하고자 하는 사람들,

> 너희는 이 세대를 본받지 말고 오직 마음을 새롭게 함으로 변화를 받아 하나님의 선하시고 기뻐하시고 온전하신 뜻이 무엇인지 분별하도록 하라 로마서 12:2

자기가 자기 인생의 주인 되어 자기 뜻과 성향만을 추구하며 사는 것이 아니라 그리스도를 주인 삼고 하나님의 뜻을

따르려는 사람들,

> 그가 모든 사람을 대신하여 죽으심은 살아 있는 자들로 하여금 다시는 그들 자신을 위하여 살지 않고 오직 그들을 대신하여 죽었다가 다시 살아나신 이를 위하여 살게 하려 함이라 고린도후서 5:15

교회 공동체가 '하나님이 자기 피로 값 주고 사신' 것을 알아 교회를 자기 삶보다 귀한 것으로 여기는 사람들,

> 나는 이제 너희를 위하여 받는 괴로움을 기뻐하고 그리스도의 남은 고난을 그의 몸된 교회를 위하여 내 육체에 채우노라
> 골로새서 1:24

은혜로 구원받은 죄인이라는 인식 안에서 언제나 겸손의 태도 안에서 다른 사람을 더 귀히 여기는 사람들,

> 아무 일에든지 다툼이나 허영으로 하지 말고 오직 겸손한 마음으로 각각 자기보다 남을 낫게 여기고 빌립보서 2:3

영적으로 거듭났다고 말하면서도 여전히 자기 성향을 주장

하면서 다른 사람 섬기기를 귀찮게 여기는 것이 아니라 사람들과 부대끼기 싫어하고 혼자 조용히 지내는 것을 좋아하는 성향으로 태어났다 할지라도 공동체 안에서 공동체와 더불어 누군가를 섬기려는 사람들,

> 그러므로 그리스도께서 우리를 받아 하나님께 영광을 돌리심과 같이 너희도 서로 받으라 로마서 15:7

다른 사람의 약점을 품어주고 보충해 주는 사람들,

> 믿음이 강한 우리는 마땅히 믿음이 약한 자의 약점을 담당하고 자기를 기쁘게 하지 아니할 것이라 로마서 15:1

모두가 자기 자신만을 위해 살아가는 이 세상에서 다른 사람을 품고 사랑하겠다는 전혀 다른 삶의 양식과 목적을 따라 살아가는 사람들입니다.

> 그가 우리를 위하여 목숨을 버리셨으니 우리가 이로써 사랑을 알고 우리도 형제들을 위하여 목숨을 버리는 것이 마땅하니라
> 요한일서 3:16

예수님은 이러한 믿음과 삶의 태도를 가진 교회 공동체를 이루시기 위해 자기 피를 흘리셨습니다.

교회 공동체의 존재 양식은 하나님을 향한 믿음의 사랑과 사람에 대한 포용의 사랑이 핵심입니다. 사람이 독처하는 것이 좋지 않아 짝을 지어주신 하나님의 창조 원리처럼 하나님은 예수 믿는 사람이 독불장군으로 혼자 지내는 것을 좋아하지 않으십니다. 창조 원리 안에서 돕는 배필이 서로에게 필요한 것처럼 하나님의 자녀들인 교회 공동체 역시 서로를 돕는 교제가 필요합니다. 아픈 손가락 같은 내 자식을 사랑해 주고 챙겨주는 사람이 있다면 부모로서 얼마나 고마울까요? 하나님은 서로 사랑하는 우리를 그렇게 귀하게 여기실 것입니다.

출생과 성장이 가족을 통해 이루어지듯이 거듭남과 영적 성장 역시 교회 공동체를 통해 이루어집니다. 이런 목적으로 부름받은 사람들이 성도들이고 그 성도들이 바로 교회입니다. 우리가 섬기는 교회 공동체가 하나님의 계획이 실현되는 교회 공동체, 하나님의 꿈이 이루어지는 교회 공동체, 하나님의 꿈을 이루어드리는 공동체가 되기를 소망합니다.

내가 복음을 위하여 모든 것을 행함은
복음에 참여하고자 함이라

고린도전서 9장 23절